# ÉTICA EVOLUCIONISTA:
## a razão da moral

*"a esmola é um vilipêndio, é um ultraje à honra*
*de quem foi vencido na luta pela vida"*

*Silva Barreto*

# ÉTICA EVOLUCIONISTA: a razão da moral

**Ricardo Barreto**

EDITOR - AUTOR

2013

iv

**Os recursos da venda deste livro serão doados para as ações sociais do autor**

Segunda edição: 2013

ISBN 978–85-903244–2–3


www.ricardobarreto.com

Barreto, de L. Ricardo
ÉTICA EVOLUCIONISTA: a razão da moral / Ricardo de Lima Barreto
Valinhos-SP: Editor-Autor, 2008
74 p.


1. Ética
2. Filosofia
3. Moral
4. Religiões
5. Evolucionismo

# Dedicatória

*Dedico esta obra à Clara,*
*Clarissa Paula Favaro Botter Barreto,*
*minha companheira, esposa,*
*amiga, crítica e confidente.*
*São todos estes os atributos*
*que a tornam para mim*
*tão essencial quanto o próprio ar.*
*Com você não se sabe o que é dor,*
*não concebe minha alma*
*uma vida sem o seu amor...*
*Finalizo aqui,*
*o que escrevi para ti*
*só para dizer:*
*te amo!*

# Conteúdo

# Agradecimentos

Seria tão demeritório lançar uma obra de caráter evolucionista sem me fazer valer das inumeráveis contribuições, sem as quais de nada teria valido até aqui chegar, quanto à pretensão da tola vaidade.

O que seria de mim, sem a presença acalentadora dos familiares, o apoio incondicional dos amigos e a complacência magna da esposa? A Verinha ainda estava porvir...

Por isso é-me um lenitivo fazer aqui algumas poucas ressalvas, somente àqueles diretamente envolvidos na concepção deste livro, porque, se eu fosse citar todos os colaboradores, não me venceriam as páginas...

- o   Henri Barreto, meu amado pai, pesquisador nato, estudioso das religiões e prefaciador desta obra;
- o   Silva Barreto, meu amado avô, procurador da justiça, poeta consagrado e posfaciador desta obra.

Tenho sorte de ter nascido numa família de estudiosos admiráveis e, como toda ética se encerra nos preceitos que adquirimos no lar, fiz questão de iniciar e fechar este livro em família.

A todos, enfim, meus mais sinceros agradecimentos!

# Apresentação

*Allan Kardec*

"Fé inabalável só o é a que pode encarar frente a frente a razão,
em todas as épocas da Humanidade"

Quando me passou pela cabeça a ideia de escrever sobre ética, imediatamente lembrei-me de um filme, que havia assistido muito tempo atrás. De alguma forma, seu enredo tinha me influenciado sobremaneira no "turbilhão" da adolescência.

Este filme se chama Waytt Earp e foca a história da vida de um famoso delegado americano, que vivia nos tempos do "velho-oeste", uma época em que a justiça ainda era feita, em boa parte, pelas próprias mãos.

Fiquei muito impressionado não pelo roteiro em si, outrossim, pela mensagem de honra e bravura, por sinal muito bem protagonizada pelo ator Kevin Costner. Recordo-me, até hoje, das palavras de seu pai, interpretado por nada menos que John Wayne, quando disse para toda família, num fatídico almoço de domingo, em tom de severidade:

> "Meus filhos, o mais importante na vida de um homem é estabelecer o quanto antes o que ele é, para só depois decidir o que quer da vida".

Mais socrático: impossível! Naquela época eu nem tinha maturidade intelectual suficiente para refletir em profundidade sobre os ensinamentos de um Sócrates,[1] através da preciosa apologia deixada por Platão,[2] mas, felizmente, a mensagem estava dada. Só por isso, hoje, eu escrevo sobre ética.

Com certeza, muito já se falou sobre este tema e, sem dúvida, muito ainda se falará. Entre os inúmeros trabalhos já publicados, de diversas épocas, pode-se citar, como exemplo basilar, a obra de Spinoza: Ética.[3,4]

Este tratado foi escrito em latim, no final de sua vida, e publicado somente após sua morte. Nele, o grande filósofo expõe seu sistema metafísico, procedendo através de axiomas, definições e demonstrações.

Àqueles que quiserem se enveredar mais profundamente sobre o assunto, recomendo seu trabalho como ponto de partida. Caso contrário, apenas sigam-me pelas reflexões que se seguem e poderão ter ao menos uma amostra da sua relevância, contextualizada aos nossos dias.

Primeiramente, deve-se ressalvar que, enquanto houver uma sociedade composta de indivíduos e instituições que se relacionam entre si, as mais variadas questões éticas estarão sempre em voga para delinear os limites morais dos relacionamentos humanos e institucionais.

A concepção ética é uma experiência única, singular a cada indivíduo, resultante de todas as suas vivências pessoais e coletivas. São os pressupostos morais que determinarão o seu caráter, a razão dos seus juízos e das suas decisões.

Isto posto, urge que se reflita sobre as seguintes indagações:

1. Qual é a natureza da ética?
2. Em que constitui sua ética pessoal?
3. Como conceber um juízo moral?
4. Como tomar uma decisão ética?
5. O que fazer para levar uma vida social segundo seus padrões éticos?

Estas são questões cruciais à evolução do ser humano, na medida que o conduzem naturalmente ao autoconhecimento, permitindo-lhe traçar o seu próprio código de conduta.

Contudo, cabe salientar que, no convívio social, torna-se mister a adequação dos seus princípios aos padrões éticos vigentes. Só assim, o indivíduo estará apto a tomar decisões não-conflitantes e conceber juízos morais consoantes com a sua consciência, o que é fundamental, em última análise, ao seu equilíbrio psico-social.

Mas, afinal, qual é o real significado desta palavra de que tanto ouvimos falar? Os dicionários e as enciclopédias,[5,6] em geral, costumam defini-la como "uma parte da filosofia que aborda os fundamentos da moral".

Ademais, ao analisarmos sua etimologia, constata-se que a palavra ética deriva do grego *ethike*, que significa moral. Sendo assim, poder-se-ia concluir, a priori, que ética e moral são basicamente "os dois lados da mesma moeda". Mas não o são. Existe uma sutil diferença, que poucos enxergam, mas nem por isso devemos negligenciá-la. Pelo contrário, tentar-se-á, outrossim, diferenciá-las aqui de forma inequívoca.

A moral seria tudo aquilo que deriva dos princípios religiosos, enquanto que a ética emana das regras de conduta que regem a sociedade, sem necessariamente possuir uma ligação com esta ou aquela religião.

É importante frisar ainda que, assim como existe uma ética pessoal, que rege a relação entre os indivíduos, também há uma ética dita institucional, que contempla a relação entre as instituições (governo, empresas, organizações do terceiro setor, universidades, etc.). Contudo, ambas estão relacionadas entre si e são de extrema importância para harmonia da sociedade como um todo.

Desde os primórdios da civilização, o campo da moral sempre esteve diretamente relacionado com a religião, entretanto, coube à filosofia, no devido momento, dar-lhe um tratamento mais racional e menos impositivo.

Por exemplo, o legado moral de Jesus Cristo, que deu origem ao Novo Testamento,[7] passou posteriormente por inúmeras análises críticas, dentre as quais pode-se destacar o crivo da razão de São Paulo, Santo Agostinho e São Tomás de Aquino,[8,9,10] antes de consolidar o catolicismo, tal como o conhecemos na atualidade.

Alguns séculos depois, segundo as profecias contidas explicitamente no Novo Testamento,[11] a Doutrina Espírita fundamentou-se nos ensinamentos morais, científicos e filosóficos de uma plêiade de espíritos superiores, os quais foram compilados, interpretados e ordenados por Allan Kardec.[12]

Independente de credo, seria impossível negar que esta foi uma ligação muito profícua à humanidade, proporcionando considerável evolução moral dos indivíduos, especialmente daqueles ligados à religião, donde podiam sorver os princípios necessários ao seu crescimento pessoal.

Nos últimos séculos, entretanto, tem-se observado uma transição gradativa desse modelo, começando pelos movimentos de reforma religiosa, seguidos pela eclosão da ciência moderna e, mais recentemente, com o avanço da globalização política, econômica e social.

As pessoas estão, de certa maneira, caminhando para um "ecumenismo", regidas pelas suas próprias necessidades espirituais e não mais impingidas por dogmas religiosos. Está se formando, aos poucos, uma sociedade de livre-pensadores,[13] não no sentido original do termo, propalado pelos Liberalistas do século XVIII, mas resgatando o termo com o intuito de cunhar os indivíduos libertos dos preconceitos impostos invariavelmente pelas instituições religiosas, que muitas vezes acabam cerceando o intercâmbio de ideias e comprometendo o crescimento interpessoal.

Tão novo quanto o Neoliberalismo, nosso "livre-pensador" não é necessariamente cético, nem materialista, muito menos ateu, somente assume uma postura dita "areligiosa" para poder estar sempre aberto ao aprendizado, sem amarras ao verdadeiro livre-arbítrio. A Logosofia,[14] fundada por Carlos Bernardo Gonzalez Pecoche (Raumsol),[15] talvez exprima, como nenhuma outra doutrina moderna, o sentido e a maravilha do livre pensar.

Em vista dos desafios impostos pelo novo milênio, cabe-nos a tarefa de fazer um estudo elucidativo sobre a ética e suas implicações evolutivas, fundamentando seus princípios filosóficos e morais, os quais serão aplicados em questões emblemáticas, nas sendas da política, sexo, religião, ciência, estética, nos mundos virtual e corporativo.

Estes não são "os sete pecados capitais", mas foram escolhidos propositalmente para representar os aspectos que considero de suma importância aos que se interessarem pela busca da compreensão de cada uma das indagações supracitadas, de modo que o leitor possa, ao final, estabelecer suas próprias respostas através da experiência pessoal.

*Ricardo Barreto*
Valinhos-SP, verão de 2007

# Prefácio

*Ruy Barbosa*

"Estremeceu a justiça; viveu no trabalho;
e não perdeu o ideal"

Chamo a atenção dos leitores para o título "Ética Evolucionista: a Razão da Moral", o qual diz *per si* que a ética é dinâmica e que leva à compreensão da moral.

Através das religiões tribais, ainda presentes em nossos dias, podemos vislumbrar as virtudes esquecidas pela civilização de hoje, que o homem procurou regular diante da sociedade através da mitologia e da metafísica.

Historicamente, podemos afirmar que os mais antigos códigos morais, como o de Hamurabi,[16] preconizavam a vingança social do "olho por olho dente por dente" e influenciaram nossa civilização de hoje.[17]

Entretanto, foi o judaísmo que nos deixou o maior legado, através dos "dez mandamentos de Deus", considerado o maior código de conduta do homem, o qual Jesus preconizou seu cumprimento e o resumiu na lei universal do amor, hoje sacramentada por todas as religiões cristãs.

---

Neste ensaio filosófico, o autor procurou mostrar a diferença entre ética e moral, exemplificando-as de maneira simples e atual, sem dogmatizar ou se prender a termos filosóficos e definições cansativas.

---

15

Percebe-se, igualmente, sua independência quanto às diversas correntes filosóficas e religiosas, procurando enfatizar aquelas que agem de maneira mais racional e livres de preconceitos ou dogmas, que interfiram no livre arbítrio e na liberdade de pensar.

Outro aspecto interessante de seu ensaio é o de mostrar a atual tendência de globalização social, política e econômica, devido ao avanço da ciência nestes últimos séculos; demonstra ainda estarmos muito longe do avanço ético-moral idealizado.

Um exemplo de corporativismo antiético, citado pelo autor, foi o do escândalo da Parmalat, ao qual poderíamos acrescentar outros como o da indústria armamentista, tabagista e farmacêutica, fabricantes de armas destruidoras, cigarros, a talidomida e o agente laranja, drogas estas que mataram e continuam matando milhões de pessoas.

Podemos também observar que houve uma preocupação de pesquisar e citar autoridades clássicas e atuais da ética e moral que balizaram seu trabalho, procurando transmitir as diversas opiniões sobre o assunto e que contribuíram para a evolução do ser humano.

Assim, todos nós, leitores, podemos acompanhar, neste ensaio, a evolução sob os seus dois aspectos essenciais, ou seja, o existencial e o moral nos diversos campos da ciência.

Foram abordados escândalos e aspectos bem atuais como a estética e a netica (ciência da informação), assim como um assunto muito em voga nos dias de hoje, que é a ética aplicada na política.

Não podemos nos esquecer que escândalos políticos foram fartamente registrados na antiga Grécia e Roma, como também por um de nossos mais brilhantes políticos: Rui Barbosa.[18]

Mediante tanta imoralidade, vamos agir e lembrar um dito de Luther King,[19] em defesa dos justos e da não violência, a saber:

> "O que mais me preocupa não é o grito dos violentos, dos corruptos, dos desonestos, dos sem caráter, dos sem ética; o que mais me preocupa é o silencio dos bons".

Gostaríamos de finalizar a leitura deste trabalho acrescentando um antigo preceito de que "nada imoral pode ser justo e nada injusto pode ser Moral". Assim sendo, toda lei ou regra justa deve fundamentar-se na ética e na lei moral.

*Henri B. F. Barreto*
Campinas-SP, primavera de 2007

16

# Introdução

"Para mim o ateísmo não é nem uma consequência,
nem mesmo um fato novo: existe comigo por instinto"

## Princípios morais

Já foi feita anteriormente uma importante distinção entre a ética e a moral. Agora, dar-se-ão subsídios que reforçam esta tese e serão também analisadas suas implicações socioculturais.

A grande confusão se dá porque existe um costume de se associar a moral diretamente com os princípios religiosos, o que, de certa forma, não está incorreto, apesar da necessidade de que se estabeleça um conceito ainda mais abrangente: o da moralidade.

A moralidade é um estado imanente do ser, absoluta, intrínseca à sua existência. Uma condição de plenitude moral, a qual todos devem atingir, inexoravelmente, independente do credo, espaço e tempo.

Daí decorre sua maior diferenciação da ética, que constitui uma condição mutável, temporal, geográfica e evolutiva, à medida que o indivíduo convive em sociedade.

Portanto, a ética é evolucionista e o seu propósito se resume em atingir a moralidade, através da moral ou mesmo sem ela. Um indivíduo pode perfeitamente ser ético sendo amoral, outro, porém, pode primar pela moral e faltar com a ética.

A condição ideal para se atingir o estado de moralidade seria um perfeito equilíbrio destes dois atributos, mas seus extremos também podem e devem chegar lá.

Não tenho a menor pretensão de relembrar aqui todos os princípios morais necessários à busca pela moralidade, nem tão pouco de traçar uma fórmula de conduta ética infalível, todavia, é possível dar destaque a alguns dos pontos mais importantes que, indubitavelmente, podem nos ajudar sobremaneira em diversas circunstâncias da vida cotidiana.

Com este intento, me valerei apenas da exemplificação cristã, sem desmerecer, de forma alguma, qualquer outra fonte religiosa de boa-conduta moral, em que, certamente, a história da humanidade está repleta.

Penso, simplesmente, que a doutrina do Cristo veio complementar de forma esplendorosa a máxima socrática, vista alhures, acentuando a importância do "amar ao próximo como a si mesmo".

Eis o axioma moral que resume todas as virtudes e que nos pode conduzir ao estado de felicidade que tanto almejamos. Entretanto, para amar ao próximo, deve-se amar, antes de mais nada, a si mesmo.

Acontece que o amor-próprio requer algo nada fácil: o autoconhecimento, um estágio que só pode ser despertado quando deixamos de ignorar o significado de virtude.

Nesse sentido, por mais estranho que pareça, uma das formas mais simples de se buscar a virtude é descartando-se todos os males. Daí, já dizia o evangelho:[20]

> "Ai do mundo por causa dos escândalos; pois é necessário que venham escândalos; mas ai do homem por quem o escândalo venha".

Mas o que pode, de fato, ser considerado um escândalo? No senso vulgar, costuma-se dizer que escândalo é toda ação cuja repercussão confronte a moral e os bons costumes. Contudo, nos ensinamentos de Jesus, a palavra escândalo é empregada de forma muito mais ampla, significando tudo aquilo que deriva das imperfeições humanas.

Todo mundo já deve ter ouvido falar daquele famoso ditado popular que "há males que vem para o bem".

Pois é justamente através dos males, ou escândalos, que os desígnios divinos se fazem mais presentes, corrigindo as imperfeições humanas. Ao errar, o indivíduo expõe suas deficiências e rende-se ao aprendizado, ainda bem que não mais pela temerosa pena de talião.[21]

---

Muitos chamam isto de *karma*,[22] mas, na sua essência, nada mais é do que a infalível lei de causa e efeito. Aqueles cujas ações se fundamentam em princípios amorais, ferem as regras de conduta e prejuprejudicam o seu próximo. Logo, para tomarem consciência do mal que fazem, esta lei natural permite que este indivíduo experimente o mesmo mal que provocou, de modo a orientá-lo a não mais cometê-lo.

Não existe, portanto, o tal "castigo de Deus" da forma que muitos o pregam, outrossim, o resultado de nossas próprias más ações, fruto do livre-arbítrio de cada um, aliás, este sim pode ser considerado nosso bem supremo.

Para nossa tristeza, o mundo encontra-se ainda repleto de escândalos, pois as pessoas que nele habitam persistem no erro, alimentados pelos sentimentos de inveja, orgulho, cobiça e intolerância.

A Terra é considerada, segundo a Doutrina Espírita,[23] um mundo de provas e expiações, onde os espíritos "encarnados" estão ainda nos primórdios da escala evolutiva.[24]

À medida que estes vão acumulando virtudes e se aprimorando espiritualmente, o mundo também evolui, podendo chegar a um estágio superior. Cabe salientar, no entanto, que as expiações, diferentemente das provações, que são impostas pela lei de causa e efeito, são artifícios pelos quais os próprios espíritos, em pleno uso de seu livre-arbítrio, decidem passar deliberadamente para acelerar sua marcha evolutiva.

Neste ponto, sabendo o que realmente é um escândalo e qual o seu real propósito, vamos então tentar compreender melhor uma das assertivas mais polêmicas de Jesus:[20]

> "Se a vossa mão ou o vosso pé vos é objeto de escândalo, cortai-os e lançai-os longe de vós".

Sem dúvida, esta foi mais uma alegoria do Mestre, alertando-nos para o fato de que o ser humano deve tentar banir de si, com grande esforço, toda fonte de características não-virtuosas, maus sentimentos e vícios, de modo a se tornar um ser melhor para si e para os outros, mais moral e ético, com plena percepção do seu maior legado: a caridade.

*Max Weber*

"não pela ação de indivíduos isolados mas como uma forma de vida
comum aos grupos de homens"

## Princípios éticos

A ética faz parte da filosofia, matéria esta que vale a pena conhecer mais a fundo, haja vista que é não só o germe de toda ciência, mas também a condição essencial para que o ser humano atinja sua plenitude consciencial.

Este estado, tão obscuro para muitos, principia pelo esforço propalado, há muito tempo, por Sócrates na forma popular do "conhece-te a ti mesmo".

Esta máxima, por si só, corporifica boa parte do que se precisa saber para discorrer sobre qualquer tipo de análise ética.

Etimologicamente, a palavra filosofia significa o amor à sabedoria,[25] muito embora o real significado nada mais é do que a busca do discernimento, a compreensão do propósito de nossas existências e das leis que regem o universo.

Acontece que esse entendimento da nossa natureza e do nosso papel no universo está bem longe do trivial. Quantos não foram os grandes pensadores que já não o tentaram além de Sócrates? Platão,[26] Santo Agostinho, Spinoza, Nietzsche,[27] Sartre,[28] etc. E chegaram, quando muito, num sistema falho ou incompleto, que logo seria contraposto por outro Grande Pensador.

Isto se dá, em verdade, porque não existe uma única teoria capaz de sistematizar leis e princípios genéricos, que nos levem mais rapidamente à sabedoria e felicidade tanto almejadas. Esta é uma condição única para cada indivíduo, dependendo exclusivamente da sua trilha evolutiva, galgada pelas experiências pessoais e capacidade de aprendizado.

Epicuro,[29] por exemplo, buscou a felicidade aqui mesmo no plano terreno, idealizando o "jardim dos prazeres", onde a liberdade das paixões propiciasse um meio de ascensão. Por sua vez, Platão pensava de forma completamente oposta,[26] plasmando um mundo abstrato, onde qualquer forma de beleza era possível, conquanto soubéssemos concebê-la no "mundo das ideias".

Fica evidente, segundo este ponto de vista, que a sabedoria está intimamente relacionada com a felicidade de cada um, a qual pode ser definida como sendo um estado de contentamento, ou satisfação das vontades.

Muitas pessoas, todavia, se distanciam do processo de autoconhecimento em busca da felicidade ao estabelecerem vontades, ou paixões, que transgridem os limites da ética, contrapondo os interesses e limites dos seus semelhantes. Neste ponto, gera-se um conflito consciencial, pois a satisfação da sua vontade significa o prejuízo da vontade de outrem e a ética prima pelo bem estar do maior número possível de pessoas.

---

O grande "elixir" da filosofia, portanto, é o discernimento intrapessoal e transpessoal, capaz de equilibrar as nossas vontades com o meio social, sem contrapô-las ao bem estar da maioria.

---

Desta forma, mais uma vez enfatizando o cerne do Novo Testamento,[7] além de servir à sua própria satisfação, pode-se almejar, num estágio mais avançado, à satisfação do próximo através da caridade.

Adentrando um pouco mais a fundo na natureza do ser humano, além da sua realidade material, o que o distingue dos outros seres da natureza é o fato dele ser consciente e racional.

Isto significa, em última análise, que o ser humano tem consciência da sua existência e ciência do mundo ao seu redor. Tal propriedade lhe confere uma dualidade característica, fundamental ao seu equilíbrio físico-mental, tão necessário à sua sobrevivência.

Pode-se dizer, assim, que somos compostos de uma natureza racional, que nos permite harmonizar nossa consciência perante os diversos dilemas éticos advindos da convivência social, e de uma natureza científica, responsável pela percepção e compreensão dos fenômenos materiais e espirituais experimentados no cotidiano.

Nesse sentido, nossa evolução está intimamente associada ao desenvolvimento contínuo e harmônico destas duas facetas humanas. Qualquer desequilíbrio pode gerar sérios problemas conscienciais.

Tanto o cientista mais consagrado, preocupado tão-somente com os seus cálculos e experimentos, assim como também o exímio filantropo, que não procura melhorar os seus conhecimentos, correm sérios riscos de perderem o controle psíquico e caírem em estados psicopatológicos, tais como a esquizofrenia, depressão ou até mesmo o pânico.

Logo, é de se esperar que, para atingir um ponto de equilíbrio nesta dualidade do ser racional e científico, busquemos, de um lado, o aprimoramento filosófico, através da reflexão profunda e de um constante esforço pela atitude ética, e, concomitantemente, deve-se buscar a assimilação de novos conhecimentos, que nos permitam compreender melhor nossa realidade física e espiritual, aguçando a "cosmovisão".

Só daí, a harmonia reinará em todas as nossas interações com o meio no qual vivemos, possibilitando o gozo natural dos Estados Alterados de Consciência - EACs,[30] um importante canal de transcendência extracorpórea.

De todas as ciências oriundas da filosofia, talvez a psicologia seja a que mais fortemente se liga aos seus princípios fundamentais. A compreensão da psique humana não é outra coisa senão uma profunda reflexão sobre os mecanismos que regem a mente humana e suas implicações comportamentais. Coisa que os grandes filósofos gregos já o faziam desde Demócrito,[31] se bem que ainda em estágios rudimentares.

De qualquer forma, o que realmente nos interessa é analisar um pouco mais a fundo a tal "lei de função transcendente", propalada por Carl Jung.[32] Ela estabelece que, para os fatos inexplicáveis ao consciente pela razão, gera-se um conflito consciencial, que só pode ser "neutralizado" pela concepção de um mundo à parte dos sentidos, mítico ou imaginário.

Muito embora seja este o pilar de toda psicologia analítica, não fica clara a analogia e transposição do "mundo das ideias" de Platão?[26]

Friedrich Doucet,[33] em suas "perambulanças" pelo universo das ciências ocultas, usa esta ideia para explicar a necessidade do ser humano criar um mundo religioso, de modo a restabelecer o seu equilíbrio psíquico e evitar o surgimento das graves neuroses do cotidiano.

Segundo este ponto de vista, pode-se entender a grande saga do homem pela concepção de um Deus, Senhor do seu mundo imaginário, tão necessário à sua existência.

Todavia, o que não se pode compreender são os inumeráveis desvios de conduta ética, em nome desse mesmo Deus, cometidos pelos "pseudo-religiosos" ao longo de toda história da humanidade.

Até quando ouviremos estes falsos profetas? São eles, como já dizia um de nossos grandes Mestres, "cegos guiando cegos".

Se olharmos para trás, veremos quantas atrocidades já cometeram nossos antepassados: os horrores da inquisição, as cruzadas sangrentas e tantos outros fanatismos que continuamos a assistir ainda hoje, como o inconcebível atentado suicida do 11 de setembro de 2001.

Não é a extinção das religiões que devemos defender e sim o fim do seu enfoque como instituição humana. O vislumbre do "poder monástico" é inequívoco. Viu-se até recentemente a ascensão de um papa (Bento XVI) dizendo que rezava para não ser papa.

Certo estava Pestalozzi ao afirmar que "a verdadeira religião é a moralidade".[34]

Por isso, tenho hoje a convicção de que o melhor é sermos os "pastores de nós mesmos". O livre-pensamento pressupõe a ausência de qualquer arbitrariedade, o que possibilita a escolha das doutrinas e filosofias que melhor se enquadrem ao estágio evolutivo de cada um.

# Capítulo 1: ética corporativa

Este capítulo foi inspirado pelo primoroso artigo do articulista Stephen Kanitz publicado na revista Veja em janeiro de 2001. Ele exprime, com primor, a problemática que nos propusemos a tratar (recomendo o monitoramento do seu blog em <u>kanitz.com.br</u>).[35]
Ademais, seria importante também, ao abordarmos este assunto, que sejam traçadas algumas rápidas definições, as quais eu não ousaria modificar sequer uma vírgula com relação àquelas concebidas neste artigo, tendo-se em vista toda sua perspicácia e precisão. Primeiramente, generaliza-se o termo ambição como sendo:

> "Tudo aquilo que pretendemos fazer na vida: ganhar dinheiro, casar-se com uma pessoa legal ou viajar pelo mundo".

Logo em seguida, propõe-se que os padrões éticos são "os limites que as pessoas se impõem na busca de suas ambições". Extrapolando sobremaneira, cunhou-se aí uma conceituação filosófica maravilhosa! Desvinculou-se, de forma indelével, a ética da moralidade, associando-a certamente às suas implicações pessoais. Estendeu-se também em sua conclusão ao julgar a ambição de se ganhar dinheiro, que é certamente a da maior parte das pessoas, como a mais vil de todas as ambições. Isto porque esta simplesmente não deveria ser encarada como uma ambição, mas um meio de se atingir outras ambições mais valorosas, tal como ajudar ao próximo.
Conforme frisado, não há nada de errado em ser ambicioso na vida, contanto que seja definida a ética pessoal o mais rápido possível, antes de se decidir as próprias ambições. Caso contrário, estar-se-á fadado à falta de rigor ético, o que, em última análise, coloca o indivíduo como mais um ser "maquiavélico".
Um homem de princípios éticos não se faz pelas suas conquistas materiais, seus títulos ou posição profissional, outrossim por sua obra em prol da sociedade como um todo. Bertrand Russel,[36] nosso grande filósofo contemporâneo, já dizia que "a habilidade desprovida de sabedoria é a causa de nossos males".[37]

Em tempos de "globalização", tem-se ouvido falar muito de escândalos financeiros. A falta de ética no mundo dos negócios tem impulsionado decisivamente a conduta dos executivos, em todos os escalões, das mais variadas e conceituadas corporações.

Foi o que se observou, a propósito, com a gigante do ramo alimentício no final de 2003: a Parmalat. Uma empresa consolidada, com atuação em mais de 30 países, que empregava cerca de 36.000 funcionários e faturava anualmente por volta de 9,5 bilhões de dólares.

Fundada em Parma no ano de 1961 por Calisto Tanzi, a Parmalat foi acusada, entre os diversos crimes do "colarinho-branco", de fraudar balanços, destruir documentos e falsificar assinaturas. O rombo em suas contas pode ter atingido a extraordinária cifra de 12 bilhões de dólares, maior ainda que os desfalques recordes de 9 bilhões das empresas americanas WorldCom e Enron. Como pôde acontecer este tipo de escândalo financeiro?

A empresa aparentemente sobrevaloriza seus bens de forma a obter lucros contábeis mais elevados que os verdadeiros. Em realidade, foi descoberta uma conta falsa com 4,9 bilhões de dólares só para se lastrear novos empréstimos.[38]

Não obstante, o maior problema, quando uma grande empresa vai à falência, é que ela detona uma "quebradeira" geral no mercado, numa espécie de efeito em cascata, que atinge desde credores até os consumidores finais e o próprio Estado.

O pior é que, nesta verdadeira "selva" capitalista, nem sempre as coisas são o que parecem. A imagem de uma empresa é o segredo para o seu sucesso. Aí começam, quase sempre, as grandes falcatruas. Infelizmente nem toda empresa prima pelas boas práticas de governança corporativa.

Só para se ter uma noção mais clara desta problemática, até o final de 2003, boa parte das agências de risco ao redor do mundo conferiam, em suas avaliações, nota máxima à Parmalat.

A tentativa de se passar uma boa impressão ao mercado, sem falsos esboços, constitui um dilema ético não só nas relações empresariais, mas sobretudo em nossas próprias vidas.

Neste contexto, claro que o Brasil não está isento destes grandes escândalos financeiros. Muito pelo contrário. Quem não se lembra da falência da gigante do setor imobiliário: a Encol? Eu mesmo conheço duas pessoas, entre as 42.000 famílias lesadas pela empresa, que perderam as economias de toda uma vida nesta empreitada.

Ainda bem que o nosso país já tomou algumas providências para regularizar a nova lei de falências, muito embora persista o seguinte questionamento: de que adiantam as leis se não existe fiscalização preventiva e, o que é pior, se a impunidade ainda impera sobre os criminosos mais abastados?

Nestes casos, a única coisa que nos consola é que a justiça, afinal, está começando a fazer sua parte, pelo menos no exterior. Diretores financeiros, auditores e até mesmo o próprio fundador da Parmalat já foram parar na cadeia.

Em depoimento, um diretor chegou até mesmo a confessar ter recebido a difícil tarefa de arrebentar um computador a marteladas ao final do expediente. Dá para imaginar isto! Eu, estupefato, me faço quatro indagações e convido os leitores a refletirem sobre elas:

1. O que as pessoas não se sujeitam a fazer para perseguirem suas ambições?
2. Por que estes executivos não estabelecem seus valores e princípios antes de suas ambições?
3. O que deve reger a ética nas relações empresariais?
4. Existe alguma diferença entre a ética pessoal e a ética corporativa?

Julio Lobos responde com primor a todas estas questões em seu livro, que se faz repleto de exemplos, reflexões e diretrizes de conduta profissional.[39]

Chamou-me especialmente a atenção, no campo da responsabilidade social, o caso da indústria química Shell do Brasil, que chegou ao cúmulo, em meados de 2002, de se auto-denunciar por conta de uma contaminação provocada numa área residencial localizada na cidade de Paulínia (SP).

Depois de uma intensa "batalha" judicial, envolvendo contestações completamente descabidas quanto a laudos idôneos, a empresa foi condenada a indenizar as famílias prejudicadas. Mesmo assim, deve-se ressaltar que não existe dinheiro no mundo capaz de resgatar a saúde destas pessoas.

Lobos nos remete, então, a uma frase muito apropriada de Ovídio que diz sabiamente que "a causa má torna-se pior quando queremos defendê-la".

Um funcionário moralmente correto age pelo bem da sociedade como um todo e, consequentemente, de sua própria empresa. Não se pode tomar atitudes isoladas para resolução de problemas imediatos sem antes pensar nas implicações socioambientais. Um escândalo como este pode comprometer irreversivelmente a imagem de uma empresa.

Recordo-me de minha querida avó Marieta que sempre me dizia que "a ética vem de berço". Apenas quero complementar aqui que, enquanto não houver uma conscientização moral estimulada internamente pelas próprias empresas, desde os processos seletivos até no trabalho do cotidiano, continuaremos assistindo, cada vez mais, a este tipo de escândalos e estaremos mais distantes do tão sonhado "ócio criativo", muito propalado nos dias de hoje.[40]

# Capítulo 2: ética religiosa

Ao abordar este assunto reconhecidamente polêmico, muitas são as questões que vêm, de imediato, em nossa mente. Uma delas, no entanto, tem sido constantemente levantada na atualidade, haja vista seu caráter de ruptura com muitos dos dogmas instituídos pela Igreja Católica ao longo da história do Cristianismo.

Eis a questão: Jesus foi realmente mal interpretado? Não estamos falando, aqui, de conduta moral ou "batismo de fogo". Caso contrário, com certeza, 99,9% da humanidade ainda teria inúmeras falhas de interpretação. Estamos diante, outrossim, de uma questão de ordem teológica, ligada ao estudo das escrituras sagradas, mais propriamente da Bíblia.

Tal foi o ponto de partida de um artigo publicado na revista Galileu, em que mostra o quanto foi mal interpretado o "verbo divino" durante séculos e mais séculos de transcrições e pregações.[41]

Já dizia João, o apóstolo, em seu primeiro versículo: "no princípio era o verbo". E hoje, complementando, já não é mais só o "verbo", tem "pronome", "aposto", "adjunto" e muito mais!

Foram estas, efetivamente, as constatações de um dos maiores estudiosos de crítica textual religiosa do mundo, o Prof. Bart Ehrman, da Universidade da Carolina do Norte (EUA). Ele lançou em 2006 um livro que está causando um verdadeiro furor na comunidade religiosa e, ao mesmo tempo, despertando grande interesse do público em geral.[42]

Mas, afinal, o que ele diz de tão impactante? Antes de mais nada, necessário se faz compreender o porquê desta controvérsia. Só para se ter uma ideia, a versão original do Novo Testamento só foi compilada em grego no século II D.C. Sendo assim, como na época pouquíssimos cristãos sabiam ler e escrever, imaginem o privilégio e o poder que os "copistas" desfrutavam em suas comunidades.

Sem falar da possibilidade de adaptar o texto aos seus interesses de pregação e manipulação, o que acontecia voluntariamente em muitos trechos, conforme poderemos ver em alguns dos principais exemplos exaltados por Ehrman.

Só para começar, são desmistificados irrefutavelmente três dos maiores dogmas da Igreja:

1. Santíssima trindade;
2. Virgindade de Maria;
3. Divindade de Jesus.

Primeiramente, em vez de "pai, filho e espírito santo", o autor mostra que nos manuscritos gregos havia somente "o espírito, a água e o sangue".

Já o segundo dogma, fica patente na mudança textual observada no evangelho de Lucas (2,33). Na versão original: "... e seu pai e sua mãe ficaram maravilhados com o que se dizia dele...". Na versão modificada: "...e José e sua mãe ficaram maravilhados com o que se dizia dele...".

Por fim, o conceito da divindade de Jesus, está logicamente equivocado, segundo o trecho do Evangelho de Lucas, em que diz: "Pai, perdoai-os, pois eles não sabem o que estão fazendo". Este trecho foi simplesmente subtraído em algumas versões da Bíblia.

Só com estes pouquíssimos exemplos, presumo eu, já se pode ter subsídios mais que suficientes para responder assertivamente ao questionamento levantado no início deste capítulo, muito embora cada um possa ter suas convicções pessoais irredutíveis, sustentáculos de suas crenças, impedindo-os que vejam a verdade por trás das escrituras originais.

A ética, indubitavelmente presente nas escrituras sagradas, não foi perenizada ao longo do tempo, sendo, pelas mãos dos homens, no vislumbre do poder eclesiástico, profanada a verdadeira essência de muitos dos ensinamentos cristãos.

Por isso, em verdade vos digo, certo está Ehrman ao afirmar que "a fé em Deus não se baseia nas palavras espalhadas em um livro, mas sim na experiência pessoal que cada um tem com Deus".

Esta experiência pessoal pressupõe que não existe uma religião certa ou errada. Continuo afirmando que Jesus era judeu e em nenhum momento quis instituir uma nova religião.[43]

Sua intenção, pelos relatos que nos chegaram aos dias de hoje, era tacitamente a de promover uma reforma contundente, sem "criar novas leis e sim fazer com que fossem cumpridas".

Passados dois milênios, por outro lado, é muito comum vermos um verdadeiro "mosaico" de crenças religiosas, misturando conceitos e princípios já existentes há muito tempo.

Surge, como resultado dessas novas "roupagens", o esoterismo e suas mais variadas formas: um movimento que encanta a fragilidade das pessoas pelo lado místico.

Não menos preocupante são os extremistas religiosos que, ao interpretarem a "palavra" ao pé da letra, cometem erros brutais e atentam contra valores universais sem a menor consciência de seus atos. Por isso, volto a insistir:

> "O simples fato de dizer: sou desta, ou daquela religião, por si só, já gera uma série de preconceitos. É errado nos rotularmos, porque perdemos, em parte, nossos dois mais preciosos bens: a liberdade e a individualidade".[43]

Portanto, ser ético, quando se fala em religião, antes de mais nada, é respeitar a crença do próximo, mesmo que discorde profundamente da sua posição. Sem isso, não adianta de nada sair de casa com um "livro sagrado debaixo do braço", porque o que realmente interessa, aos olhos do Deus de cada um, são as nossas boas atitudes em benefício dos outros e não somente de si mesmos. Isto é o que prima a ética religiosa.

# Capítulo 3: estética

O conceito do "belo", ao contrário do que pode parecer a priori, está diretamente relacionado à noção de Deus, haja vista que pressupõe a perfeição como ideal imanente.

As "coisas belas" são tão-somente uma pequena expressão da perfeição absoluta, refletindo a harmonia segundo duas formas sinérgicas: a simetria e o equilíbrio. Já os "seres belos" caracterizam-se pela evolução moral, pois a elevação de seus pensamentos resulta, em última instância, na delicadeza dos seus traços, enquanto que a animalização dos instintos produz, contrariamente, formas mais grotescas.

Quem nunca teve contato com uma pessoa que, pelo carisma e simpatia, nos parecia muito mais bonita do que realmente era? Pode-se pensar, decerto, que a beleza dos seres é "o espelho de suas almas".

Mas o que vem a ser, afinal, o "belo"? Seria esta uma questão relativa, ou existiria mesmo um conceito absoluto para tal? Muitos podem até achar determinada pessoa (ou coisa) bonita, enquanto outros sequer lhe dariam importância. O que está realmente por trás dessa noção de maravilha que tanto buscamos e apreciamos?

Certamente, muitos já se embrenharam por este tema, de modo que não me cabe trazer ao leitor nada de novo. Talvez valesse a pena somente refletir um pouco mais sobre o assunto e, quiçá, obter algumas percepções interessantes.

A tese que nos propusemos defender pode ser considerada um tanto quanto ousada e imagino que alguns devem até se indispor profusamente, mas, mesmo assim, tenho certeza de que estes hão de, pelo menos, ponderar sobre os argumentos apresentados.

Inicio arriscando-me a dizer que, em toda história da humanidade, em raríssimos momentos, algumas mentes geniais, como as de um Michelangelo, Einstein ou um Mozart,[44-46] em estado de êxtase, puderam momentaneamente contatar esferas mais elevadas e nos brindar, ao menos, com uma amostra da perfeição.

A beleza pode se manifestar de diversas formas, conquanto haja reflexos de simetria e equilíbrio.

31

Poderíamos imaginar erroneamente que somente as coisas materiais são passíveis de apreciação, pelo simples fato de poderem assumir forma física e impressionar nossos sentidos. Não obstante, esta visão é extremamente equivocada, porque relega a beleza ao concretismo, sendo ela constituída, outrossim, por conceitos muito mais abstratos de harmonia e simetria.

Não podemos nos esquecer de que, além dos nossos cinco sentidos materiais, existe ainda mais um, muito aguçado: a inspiração espiritual. Aquela sintonia que existe entre os seres de forma construtiva ou destrutiva, de acordo com a empatia ou antipatia de ambos. É este o "fiel da balança", que pode pôr beleza na feiúra ou depreciar o que é apenas bonito, revelando o nada!

O pior tipo de conduta estética, que rompe irremediavelmente com a autoestima dos seres, acontece quando a própria pessoa não se acha bonita. Este tipo de comportamento tem aumentado de forma assustadora nos últimos tempos, sendo responsável por uma parcela considerável das consultas psiquiátricas.

Várias doenças, tais como anorexia nervosa e bulimia, estão diretamente relacionadas à Síndrome PIB, ou do Padrão Inatingível de Beleza, cujas estimativas apontam um índice de ocorrência de mais de 1% da população mundial.

Diante da gravidade deste fato, urge que se responda ao questionamento do por que as pessoas estão passando por cima da fome: um instinto absolutamente essencial à sua sobrevivência. O reconhecido psiquiatra, Augusto Cury, nos dá uma resposta bastante convincente em seu livro.[47]

Basicamente, a TV (e hoje também a Internet) seria a grande responsável pela propagação de uma imagem irreal de beleza no inconsciente coletivo da sociedade, pautada pelas modelos magérrimas, apresentadas não somente nos desfiles de moda, assim como também em programas comuns como novelas, filmes, seriados e até mesmo em jornais.

A confirmação desta tese veio recentemente com um artigo científico publicado em 2002 na renomada revista *The British Journal of Psychiatry*, mostrando o impacto da TV na mudança dos hábitos alimentares e no comportamento das mulheres das Ilhas Fiji, no pacífico, após os três primeiros anos de exposição, a partir de 1995.

Os pesquisadores detectaram que, depois que a TV passou a exibir mulheres magras e com beleza incomum, as nativas das Ilhas Fiji começaram a fazer dietas e apresentar transtornos alimentares como anorexia e bulimia, doenças que antes eram praticamente inexistentes nesta comunidade.

Este é, sem dúvida, um fato inquestionável, que merece nossa atenção e reflexão, com o intuito de tomarmos atitudes que comecem a romper estes estigmas impingidos pelos veículos de comunicação de massa.

Quanto à "beleza das coisas" – entendendo por "coisas" como sendo tudo quanto for obra materializada pelo homem – não tenho muito a ponderar, pois refletem apenas de maneira muito difusa e imprecisa aquilo de que só temos apenas uma leve impressão.

Uma linda Ferrari, sob o comando infalível de ninguém mais que um Michael Schumacher,[48] ou até mesmo um modelito exuberante da Dior, delineado pelo corpo de uma estonteante Gisele Bünchen,[49] não deixariam de ser somente "bonitinhos" diante da beleza suprema da natureza, a maior e a mais bela de todas as revelações divinas.

# Capítulo 4: ética política

Para muitos, nada poderia ser mais enfadonho do que discutir política. Dou-lhes pleno crédito, pois ninguém gosta de falar sobre algo que só nos traz aborrecimentos, ainda mais no país do carnaval e do futebol...

Mas deixando seu aspecto demeritório um pouco de lado, que já estamos demasiado habituados a ver nos noticiários do cotidiano, vamos analisar a política por outra faceta, por sinal bem mais interessante.

Ademais, valeria ainda uma reflexão mais profunda a respeito das palavras do filósofo Franklin Leopoldo,[50] sobre a banalização da política:

> "Essa espécie de rejeição ética da política configura a profunda contradição em que estamos enredados. Pois se definimos o indivíduo como social, então a separação entre ética e política configura a ruptura entre indivíduo e sociedade, o que no limite significa a ruptura do indivíduo com ele mesmo".

Portanto, para não deixar que isto aconteça conosco, vamos tentar enxergar a política sobre outro prisma: o da ética.

A sociedade humana, organizada sobre a égide estatal, muito embora ainda esteja bem longe de ser considerada justa, teve consideráveis avanços filosóficos, científicos e sócio-culturais desde o seu surgimento, há alguns poucos milhares de anos. Entretanto, no campo da política, em alguns aspectos, parece ter havido, outrossim, muitos retrocessos.

Nos tempos da Grécia antiga, a democracia não permitia segredos, forçando a transparência das práticas políticas, o que inibia, em grande parte, a corrupção. Ou seja, não havia como se separar a "virtude moral" da "virtude política", ou melhor, o princípio do respeito ao próximo e os meandros do poder.

Com o advento do Maquiavelismo,[51] abriu-se as portas da modernidade pelo abandono das virtudes morais, com o intuito de manter o poder a qualquer custo e derrotar os inimigos. Marca-se o início do individualismo na política, visando obter vantagens pessoais, sucesso na carreira e, principalmente, benefícios financeiros.

Infelizmente, Rousseau não conseguiu derrubar estes conceitos nem a Revolução Francesa.[52] A adoção de valores modernos consagrados, tais como a isonomia legal, o sufrágio universal e a lógica de mercado não deveria nunca tomar o lugar dos valores tradicionais. Acerca deste assunto, o antropólogo Roberto da Matta ressalta muito bem que:[53]

> "A ética como instrumento de gestão lança luz na complexa e difícil dialética entre o princípio da compaixão (para os 'nossos') e da justiça (para os 'outros')".

Até mesmo o Lula, nosso ex-presidente, já deve ter percebido – espero – que este jeito de tratar seus "companheiros" não dá muito certo, ou melhor, só poderia dar em "mensalão".[54,55]

Basta analisar o status quo do Brasil de hoje: reflexo do rito eleitoral imperante, em que o voto é encarado, segundo esta cultura do desencantamento político e a visão minimalista da democracia, como *via crucis* do povo.

Fica cada vez mais claro, dentre os incontáveis escândalos decorrentes da falta de princípios éticos, como exemplo marcante deste tipo de conduta na política, o caso de mais um ex-presidente brasileiro – o Fernando Collor – que depois de confiscar a poupança de toda população,[56] sofreu um processo de *impeachment*, devido às acusações do próprio irmão: Pedro Collor.[57]

Sua ambição de ser presidente, antes de estabelecer seu caráter, não foi responsável somente por sua derrocada política, provocou também, mesmo que de forma indireta, a morte de um irmão, sua mãe e seu comparsa Paulo César Farias: o PC.[58] Sem falar dos milhares de casos de suicídio em todo o país, por causa do inadvertido confisco...

Continuando nossa análise, só para se ter uma ideia, uma pesquisa do Ibope, que analisava justamente nesta época a questão da ética na política, revelou um dado alarmante: apesar de o eleitor ser muito crítico em relação às suas lideranças políticas em termos de ética e corrupção, 75% dos entrevistados confessaram que cometeriam os mesmos impropérios se estivessem no poder.[59]

A autora da pesquisa explicou ainda que "as pessoas não vêem a ética como um valor absoluto, mas com gradações, em que é possível ser mais ou menos ético". O mais assustador é que não vêem sequer que, em sua essência, a política é uma poderosa ferramenta da ética, isto porque, pelo menos em princípio, deveria visar sempre o bem coletivo em detrimento do individual.

Em termos conceituais, a política é exercida pelo Estado, o qual se vale das leis para regulamentar as relações entre as instituições e os cidadãos. Isto é política interna, contudo, existem também os tratados internacionais que regulamentam as relações entre os países, o que é chamado de política externa.

Nas sendas das relações internacionais, não tenho dúvidas de que ainda estamos muito longe do sonho utópico de um dia ser consolidado um governo de caráter mundial, regido pela Organização das Nações Unidas (ONU),[60] em que todas as leis serão uniformizadas por meio de tratados multilaterais, ficando todos os Estados subjugados a um Conselho Único, que vise manter os equilíbrios sociais, econômicos e políticos a nível global.

Só assim será possível vislumbrar uma distribuição mais eqüitativa de recursos, possibilitando a consolidação da justiça gradualmente, sem que, para isso, incorramos nos graves erros do passado, quando ainda se pensava que o uso das forças armadas, através de guerras sangrentas, poderia sortir algum tipo de resultado positivo.

---

E ainda dizem por aí que a Bomba de Hiroshima pôs fim na 2ª Guerra Mundial, poupando milhões de vidas a custo de milhares de outras...

---

Infelizmente, estamos ainda bem longe da condição almejada, tendo em vista o nível de aprovação absurdo, aferido pela sociedade americana, quanto à reação do Governo Bush aos atentados de 11 de setembro.

Até quando a intemperança reinará entre aqueles que estão no poder? Não seria a hora da ONU assumir uma postura mais firme e não tão condescendente perante as questões internacionais mais pungentes?

Tenho a certeza de que, um dia, o posto de Secretário-Geral da ONU será muito mais cobiçado do que o de presidente dos Estados Unidos da América, ou de qualquer outra nação que venha a ser a mais rica e poderosa. Quando este dia chegar, e receio que ainda tardará, estaremos dando um grande passo na evolução da humanidade.

Neste novo cenário, urge que se faça justiça à relevância da diplomacia, especialmente no mundo globalizado, em que seu papel é cada vez mais preponderante. Como já vimos, um país se governa não só pela resolução de seus problemas internos, mas, sobretudo pela sua política externa, a qual deve reger sua relação com as demais nações.

Os reflexos positivos dessa relação são determinantes para o equilíbrio político, financeiro e social, mantenedores da soberania nacional. Tamanha responsabilidade deve recair, necessariamente, sobre mãos tenazes, que sejam capazes de sustentar habilmente este jugo.

No Brasil, assim como na grande maioria dos países de governo democrático, existe um órgão responsável por esta tarefa: o Ministério das Relações Exteriores (MRE). Ele é composto, com pressuposto, por um corpo diplomático da mais alta competência, constituído pelos melhores profissionais de diversas áreas do conhecimento, os quais são selecionados através do concurso público mais difícil da carreira pública: o Exame de Ingresso para o Itamaraty.[61]

Estes profissionais, a rigor, são chamados de diplomatas e devem primar pelo conhecimento geral: história, direito, geografia, economia, línguas, política externa, tecnologia, etc. Seu escopo profissional é o de servir-se destes conhecimentos para poderem informar, representar e negociar os interesses do país e seus concidadãos.

Nesse sentido, faço questão de louvar o nome do diplomata brasileiro Vieira de Mello,[62] morto num atentado terrorista à sede da ONU, no Iraque pós-Sadan.[63] Este homem, cujo nome provavelmente muitos desconheçam, talvez tenha sido uma de nossas autoridades mais respeitadas em todo mundo, não somente pelo seu ideário de justiça, mas, sobretudo, por sua luta incansável pelos direitos humanos. Tanto que o seu nome era cotado, inclusive, para sucessão de ninguém menos do que Kofi Annan como secretário-geral da ONU.[64]

Como o mundo seria diferente se, nas sendas da política, existissem muito mais Vieiras´s e não Collor´s de Mello...

# Capítulo 5: ética científica

Esta é uma questão sobre a qual quero me ater sobremaneira, haja vista sua crescente importância quanto ao rumo da civilização, em especial devido aos avanços conquistados nos últimos dois séculos.

A Ciência já nos levou à lua e nos fez ver a célula e o átomo, mas também trouxe consigo a bomba atômica. Por isso é imprescindível uma séria reflexão por parte da comunidade científica e também da sociedade civil sobre as questões éticas envolvidas nas pesquisas, sua utilidade pública e implicações socioeconômicas.

Em 2005 estas questões vieram à tona com o caso do Dr. Hwang Woo Suk, quando a comunidade científica mundial foi sacudida pelas denúncias feitas por membros da sua equipe e pesquisadores de outras partes do mundo.[65]

Os resultados que o Dr. Hwang afirmou ter obtido eram de enorme relevância, pois representavam a primeira comprovação científica da clonagem de embriões humanos e colocavam seu grupo de pesquisas e, principalmente, seu país (a Coréia do Sul) na fronteira das pesquisas envolvendo células-tronco. Infelizmente, todos os resultados publicados em periódicos de elevado impacto científico e divulgados mundialmente eram forjados.[66,67]

Voltemo-nos rapidamente ao passado para compreendermos melhor o presente. Por muito tempo o mundo já foi açoitado pela ignorância medieval. Uma época de "sombras" em que o domínio sobre os povos era exercido sob a égide da religião na política do "pão e circo".

Muitas iniquidades foram cometidas nesta época contra aqueles que ousassem pensar além dos limites impingidos pela "Santa Igreja". Taxados de bruxos, cientistas foram considerados hereges pela Igreja Católica e queimados na fogueira por causa de suas ideias tidas como revolucionárias.

Por sorte, este tempo já se foi, porém ainda sofreremos as consequências desta época lamuriosa por muitos e muitos anos. Sobre essa problemática, o grande filósofo contemporâneo, Bertrand Russel, assinalou de forma inequívoca que "não é de dogma que o mundo precisa, mas de uma atitude de investigação científica".[68]

Tal atitude de investigação científica pressupõe, via de regra, uma formação acadêmica de primeira-linha. Acontece que, muitas vezes, o que é chamado de educação, em verdade, deveria significar o oposto.

Desde os primórdios da civilização antiga, logo quando a organização estatal foi instituída, a educação tem sido utilizada como meio de instrução social, segundo os interesses do Estado. Entretanto, paradoxalmente, uma sociedade bem instruída constitui o maior perigo àqueles que pretendem se manter no poder, com o intuito de fazer prevalecerem seus próprios interesses.

Em tempos de clonagem, transgenia, neuro e nanociências, já não existem limites para o que o homem possa fazer. Alguns dos resultados oriundos da pesquisa científica podem impactar diretamente na vida de milhares de indivíduos e trazer benefícios que certamente faziam parte dos sonhos daqueles mais obcecados por ficção científica.

Nanomáquinas capazes de processar microcirurgias, nanosensores que detectam doenças em estágios iniciais, curas de doenças por processos de manipulação genética, crescimento de órgãos oriundos do próprio paciente, que pode recebê-los em um transplante sem riscos de rejeição, cura de doenças degenerativas, cura de paralisias diversas, etc.

As únicas amarras ficam praticamente a cargo dos princípios éticos ou morais, dependendo do país e das leis que o regem. E é exatamente aí que reside o grande problema. Quando são os códigos de conduta morais, instituídos por essa ou aquela religião, que influenciam as prerrogativas dos Conselhos de Ética em pesquisa,[69] pode-se limitar equivocadamente os campos de pesquisa em áreas importantes para o avanço da humanidade.

É o que se observou, por exemplo, com a questão da clonagem terapêutica. As pesquisas nesta área requerem o uso de células tronco especiais, as quais são extraídas de embriões recém formados, com apenas alguns dias após a fecundação. Entretanto, a Igreja Católica insiste em apregoar que a vida existe desde o momento da fecundação, mesmo sabendo que a ciência já provou o contrário. Assim como se considera a morte cerebral quando o cérebro pára de funcionar, a vida também só começa com a formação do sistema nervoso, o que ocorre somente depois do décimo quarto dia.

Só para se ter uma ideia dos avanços que o Projeto Genoma propiciaram, segundo estimativas do Professor Richard Dawkins,[70] em 2050, pelo preço atual de uma análise de raios-x, poderemos conhecer o "texto" completo de todos os nossos genes. O médico não nos dará mais uma prescrição convencional, mas sim aquela que se adequará com precisão ao nosso genoma.

Isto é maravilhoso, sem dúvida, mas nosso "texto" pessoal irá também predizer, com precisão alarmante, nosso fim natural. Será que desejamos tanto conhecimento? Mesmo que a resposta seja afirmativa, será que vamos querer que nosso código do DNA seja lido pelos agentes das seguradoras, pelos advogados dos processos de reconhecimento de paternidade e até mesmo pelo governo?

Mesmo numa democracia bem instituída, nem todos ficariam felizes com essa perspectiva. De que maneira algum "futuro Hitler" poderia fazer mau uso desse conhecimento é algo que precisamos pensar desde já.

Sem dúvida, estas preocupações são imprescindíveis, tanto que a ONU, na Conferência Geral da UNESCO, em sua 29a sessão de 1997, adotou a Declaração Universal sobre o Genoma Humano e os Direitos Humanos, marcada por questões político-científicas bastante polêmicas como a manipulação do genoma humano, a clonagem e os transgênicos.

Presumo eu que todas as pessoas deveriam ler este documento na íntegra, pois se trata de um primoroso avanço para sociedade, reconhecendo que a pesquisa sobre o genoma humano e as aplicações dela resultantes abrem amplas perspectivas para o progresso, com a melhoria da saúde dos indivíduos, mas enfatizando que tal pesquisa deve respeitar inteiramente a dignidade, a liberdade e os direitos humanos, bem como a proibição de todas as formas de discriminação, baseadas em características genéticas.

Portanto, a questão é simples: o que vale mais a pena? Salvar a vida de uma criança de nove anos de idade, condenada pela leucemia ou fazer uso de um punhado de células inócuas e acéfalas por um bem maior? A resposta é de cada um, mas a consciência social deve ser de todos.

Certamente, um dos campos científicos que tem despertado grande interesse da comunidade, principalmente nas últimas duas décadas, é a neurociência. Em termos gerais, pode-se dizer que esta área do conhecimento envolve toda e qualquer informação concernente à compreensão dos mecanismos que regem o funcionamento do cérebro humano.

Por muito tempo, os neurocientistas encararam o cérebro como uma pequena "caixa preta", donde seria muito difícil de se extrair qualquer tipo de informação que fosse além da sua neurofisiologia. O funcionamento dessa intrincada rede neuronal, ao nível molecular, constituía uma barreira, que muitos acreditavam ser intransponível.

Tamanha descrença serviu como alicerce para o estabelecimento de mais um "dogma científico": o da imutabilidade cerebral. Há algum tempo atrás, ainda era muito comum, no meio médico, ouvir-se que uma lesão cerebral era irreparável. Atualmente, não precisamos mais que um "Super-Homem" (o ator Christopher Reeve),[71] com seu inigualável exemplo de perseverança e amor à vida, pudesse nos revelar o contrário.

O desenvolvimento da neuroquímica, neurogenética e das novas técnicas de imageamento cerebral possibilitaram, nas décadas de 80 e 90, a eclosão de uma verdadeira revolução das neurociências. No caso do neuroimageamento, por exemplo, a possibilidade de observação não-invasiva do cérebro em funcionamento permitiu que os médicos reconhecessem aspectos estruturais, ou padrões de atividade cerebrais, característicos de certos transtornos psíquicos, tais como: esquizofrenia, distúrbio bipolar e depressão. Estes progressos foram fundamentais para se antecipar diagnósticos e acompanhar tratamentos.[72]

Por sua vez, no campo da genética, certas variações gênicas indicaram o risco de se desenvolver depressão ou distúrbio bipolar, bem como também de certas doenças neurodegenerativas tal como o mal de Alzheimer. As manifestações sintomáticas de diversos distúrbios mentais, desde a depressão até o mal de Parkinson, já são controláveis graças às fantásticas descobertas da neuroquímica.

Além do mais, com uma prospecção ainda maior em virtude do interesse das grandes indústrias farmacêuticas, encontram-se as pesquisas para o desenvolvimento de novas drogas neuroativas. Estas pílulas, ditas "miraculosas", são capazes de intervir nos mais complexos sistemas de neurotransmissores e estão causando um enorme furor, devido às suas implicações sociais.[73]

Isto se deve surgimento de uma nova geração de drogas estimuladoras da memória, também chamadas de "Viagras para o cérebro" ou "pílulas da inteligência", o que tem gerado um sério debate ético acerca do uso indiscriminado da melhoria cognitiva. Sobre este tema, o filósofo Leon Kass, chefe do Conselho de Bioética dos EUA, escreveu o seguinte:[74]

> "Nestas áreas da vida humana, onde a excelência tem sido obtida pela disciplina e o esforço, a conquista de resultados com o uso de drogas, engenharia genética ou implantes parece ardilosa".

Realmente, a possibilidade de um "ajuste" dos neurônios para se aprimorar a capacidade do cérebro pode constituir um sério problema ético, tendo-se em vista que isto deve acirrar ainda mais a desigualdade social.

Sendo assim, diversas questões éticas foram suscitadas pelos recentes desenvolvimentos da neurociência. Dentre elas, pode-se destacar duas indagações:

1. Seria realmente terrível se as técnicas usadas para se tratar o mal de Alzheimer possibilitassem modos de se aprimorar a memória normal?
2. Seria mesmo imoral alterar o cérebro para aperfeiçoar o seu desempenho, dotando-o de melhores capacidades do que aquelas possuídas por nossos pais?

Penso eu que a moral e os bons princípios devem primar pelo discernimento, sem frear a evolução científica. Fica claro que a problemática se resume, em grande parte, ao acesso às chamadas "pílulas da inteligência", porque os ricos teriam a possibilidade do aprimoramento de seus cérebros em detrimento da população mais pobre.

Este fato pode romper os liames do dia-a-dia, ocasionando situações extremamente injustas, como nos processos seletivos de emprego ou até mesmo em exames de vestibular. Como manter as condições de igualdade nestas circunstâncias?

Contudo, não se pode negar que faz parte da própria essência humana tentar aprimorar o mundo e a si mesma. Um melhor desempenho cognitivo, por sua vez, seria providencial em certas profissões que requerem um grande esforço intelectivo. Imaginem o que um

42

grande cientista como Einstein não o faria sobre os efeitos de um Donepezil?[75]

Portanto, caberá às instituições legais de cada país a tarefa de rever seus códigos legais, de modo a englobar os novos aspectos que surgem com o desenvolvimento das neurociências. Só assim, a neuroética poderá regulamentar a vida social, propiciando o acesso justo às novas técnicas científicas e banindo os abusos delas advindos.

Afinal de contas, não seria tão difícil de se imaginar, num futuro não muito distante, os candidatos a uma vaga para trainee de uma grande empresa como a IBM passando por um exame antidoping antes do teste de seleção.

Ademais, os avanços científicos implicam indubitavelmente numa questão social estratégica para o desenvolvimento tecnológico das nações, podendo significar o grande "gargalo" para os países em desenvolvimento como o Brasil.

A geração e gestão do conhecimento são a "força-motriz" da sociedade pós-industrial, representando um novo paradigma social. Se nos dois últimos séculos a produção de bens de consumo e capital constituiu a maior fonte de riquezas, hoje, pode-se observar certa "inversão de valores", sendo a informação a grande impulsionadora dos nossos tempos.

Por este prisma, da mesma forma que o "direito de propriedade" regula as transações dos bens móveis e imóveis que usufruímos, as leis de propriedade intelectual asseguram o direito de exclusividade na exploração comercial do conhecimento aplicado, ou melhor, das tecnologias inovadoras.

Os registros de marcas, modelos de utilidades, depósito de patentes e reserva dos direitos autorais são os mecanismos legais voltados para proteção da propriedade intelectual. Cada país possui uma legislação específica que regula estas questões, entretanto, existe uma tendência, no âmbito global, de se uniformizar estas regras através de tratados internacionais.[76] E é exatamente aí que são suscitadas diversas questões éticas, em especial quanto aos limites de aplicação da legislação vigente, como aconteceu com a polêmica da clonagem humana e dos transgênicos.[77] Até que ponto se deve frear o desenvolvimento da ciência?

Além do mais, podem-se frisar ainda as nuanças no respeito aos tratados internacionais, como foi exaltado pelo Brasil, na Organização Mundial do Comércio - OMC, ao infringir as leis de patentes para poder produzir em seu território o coquetel de drogas anti-HIV, que abriu caminho para estruturação das indústrias de medicamentos genéricos, representando uma importante conquista da sociedade brasileira. Isto sem falar dos números promissores do combate à AIDS, com milhões de vidas beneficiadas.

São medidas como estas que nos alertam para a importância da ética, sobretudo nas relações estatais, abrindo caminhos em diversos campos da ciência e tecnologia, conquanto haja um órgão internacional regulador, imparcial e isento de interesses puramente político-econômicos.

# Capítulo 6: netica

Mais do que um neologismo, o nome não é por acaso... Muito ainda se falará sobre este assunto, mesmo porque estamos somente adentrando nessa nova era: a Era da Informação.

Quando chegou à sociedade civil, em meados da década de 80, a internet tinha tão-somente o intuito de integrar as redes das universidades americanas. Contudo, em pouquíssimo tempo, ela já pode ser considerada uma das maiores invenções da história e seu impacto sobre a sociedade é indiscutível.

Até mesmo o renomado escritor italiano Umberto Eco, em entrevista concedida à revista Veja, deixou suas preciosas impressões sobre o assunto:[78]

> "Pela primeira vez, a humanidade dispõe de uma enorme quantidade de informação a baixo custo. No passado, essa informação implicava comprar livros, explorar bibliotecas. Hoje, do centro da África, se você estiver conectado, poderá ter acesso a textos filosóficos em latim".

A facilidade de se obter qualquer tipo de informação, em tempo real, sem ter que sair de casa, é no mínimo empolgante, abrindo caminhos totalmente inusitados aos aficionados pelo saber.

Todavia, na medida em que todos podem ter acesso a qualquer tipo de informação, urgem que sejam feitas certas ponderações quanto à liberalização informacional, que recaem necessariamente sobre importantes questões éticas.

Primeiro: o ser humano não tem capacidade de processar tanta informação, nem discernimento para separar o que é realmente útil e confiável. Decerto que a democratização das informações é uma grande conquista, porém há um temor quanto àqueles que se põem a pesquisar na internet sem um prévio conhecimento do assunto, o que pode levar a uma desorientação generalizada.

Este fato deve culminar na disseminação de informações errôneas, cujos reflexos já estão sendo deflagrados pela "cultura do superficial". Hoje em dia, é muito difícil ouvir falar de um jovem universitário que não tenha literalmente "copiado" sequer um trabalho da rede mundial de computadores...

Uma verdadeira "castração" da capacidade de raciocínio e criação, cujas consequências já estão sendo sentidas pelo completo despreparo dos jovens profissionais que ingressam ano após ano no mercado de trabalho – a tal da "geração Z". Quantos terão o "cacife" de resolver as complicadas equações matemáticas aplicadas no teste seletivo mais almejado da atualidade, da Google Corporation?

Cabe salientar ainda o sério problema da "pirataria", que emergiu com uma força incontrolável no impulso da internet. A abertura ensejada pelos sites de compartilhamento de arquivos, por exemplo, abriu uma nova forma de acesso às músicas, textos e filmes.

Devido a este movimento irreversível, as gravadoras, editoras e produtoras estão investindo pesadamente na tentativa de assegurar um controle mais rígido destes sites, apesar de que, se ainda não o viram, estão pegando a "onda" contrária da democratização informacional.

O princípio do código aberto, instaurado por Linus Torvalds em seu sistema operacional (o Linux),[79] que veio como opção ao império do Windows, agora se estende ao campo do conhecimento com aquela que pretende ser a "Alexandria dos tempos modernos": a Wikipedia.org.

Imaginem só: em menos de cinco anos, esta enciclopédia livre on-line já tem o número de verbetes maior do que a secular Enciclopédia Britânica. Até mesmo os direitos autorais podem agora ser preservados em publicações on-line através de licenças públicas como o Creative Commons e Science Commons, o que abre novos horizontes em termos de acessibilidade a livros e revistas científicas.

Outro avanço que tem causado um verdadeiro furor na comunidade online é o Second Life, uma espécie de mundo virtual na rede em que os internautas interagem entre si através de personagens chamados Avatars.

Este verdadeiro "universo paralelo" foi criado em 2003 pelo americano Philip Rosedale, tendo sua criação extrapolado os limites da "brincadeira" quando o guru da propriedade intelectual na internet, Lawrence Lessig, deu a ideia de fazer com que os usuários ganhassem a posse de suas invenções no mundo virtual...

A partir daí, as possibilidades ficaram ilimitadas. Abriram-se as portas para o comércio eletrônico através de uma moeda virtual (o Linden Dólar). Com isso, a corretagem de terrenos e casas virtuais está fazendo os primeiros milionários "reais" e muitas empresas já estão criando seus próprios espaços virtuais.

Entre as empresas pioneiras neste tipo de iniciativa, a IBM anunciou o investimento inicial de 10 milhões de dólares "reais" em 2007 no Second Life, cuja economia se justifica, por si só, se forem contabilizados o número de teleconferências que têm sido poupadas ao redor do mundo.

Especialistas acreditam que este fenômeno terá a mesma propulsão que a internet teve nos anos 90. Num futuro bem próximo, não serão mais criadas somente websites e sim espaços virtuais, onde as relações virtuais serão em três dimensões.

Estão abertos, portanto, com todos estes avanços advindos da rede mundial de computadores, tempos profícuos à disseminação da cultura. Todavia, urge que estas questões passem pelo crivo da ética na internet, ou netica, que deve estar presente de forma ubíqua e sem distinções.

Este é um assunto altamente estratégico ao desenvolvimento das nações, sendo que a inclusão digital pode significar o acesso amplo e irrestrito à educação autodidata, rompendo os liames que, ao longo de toda história da humanidade, separaram as classes sociais. Alguns países mais avançados já estão inclusive dando para as crianças um laptop e oferecendo acesso gratuito à internet em praças e prédios públicos.

Fica patente, portanto, a importância do momento social que estamos vivenciando, de modo que vamos procurar nos ater um pouco mais sobre um dos principais agentes destes novos tempos: os hackers.

Segundo o próprio Linus Torvalds, prefaciador de um interessante livro de Pekka Himanen, um hacker "é uma pessoa para quem o computador já não é um meio de sobrevivência".[80] Esta definição foge completamente ao sentido vulgar, empregado com tanta freqüência nos meios de comunicação, segundo o qual o hacker seria uma espécie de "pirata da Internet", que se aproveita de suas habilidades em programação para invadir sistemas, roubar informações confidenciais e delas se beneficiar financeiramente, infringindo as leis.

Este é um novo tipo de crime, que vem ganhando proeminência nos últimos anos em nossa sociedade com o advento da internet e sua popularização. Muitos países já adaptaram suas leis de modo a incluir em seus códigos penais as infrações por falta de conduta ética no "mundo das relações virtuais".

Muito embora todos estes esforços sejam louváveis e, até certo ponto, naturais, quero mover o objeto das nossas discussões para o sentido mais amplo da palavra hacker...

Fiquei surpreso ao descobrir que esta palavra também pode se referir a qualquer outra atividade e não somente ao "universo" dos programadores de computador. Seria muito melhor considerar seu significado como sendo uma postura de trabalho e não uma atividade específica.

Segundo Pekka, o trabalho deve ser encarado como algo interessante e desafiador. Deste modo, ele se torna diversão, bem diferente da forma como era encarado por Max Weber em A Ética Protestante e o Espírito do Capitalismo.[81,82]

Também não significa que as pessoas devam se tornar verdadeiros workaholics. Só se ganha ao minimizar o tempo que jogamos no "lixo" com coisas fúteis. E como tem coisa fútil hoje em dia! Basta assistir à programação de TV no domingo e terá uma boa amostra disso...

Esta nova ética do trabalho tem uma relação direta com o tempo livre, ou o chamado "Ócio Criativo" já mencionado anteriormente.[40] O mais importante é saber que todo hacker assume, via de regra, uma postura de liberdade com relação ao tempo e dinheiro, o que lhe confere maior autonomia, motivação e criatividade. Com isso, o famoso ditado que diz "tempo é dinheiro", já não soa tão mal...

Parece até contraditório falar de tempo livre numa sociedade tão dinâmica e imediatista quanto a nossa, em que as pessoas, muitas vezes, não têm tempo sequer para curtir a família. Isto porque a "cultura da velocidade", sem dúvida, requer agilidade nas decisões. O Taylorismo,[83] como método clássico de otimização do tempo, nunca teve tamanha força, visto que a competição, no mercado global, movido pelo desenvolvimento tecnológico, é das mais acirradas em toda a história da civilização.

Entretanto, sem preocupar-se sobremaneira com a questão do dinheiro, que, para ele, é uma simples ferramenta para o progresso e não o motivo de suas ações, o hacker se exime, em grande parte, de um dos maiores bloqueios do homem moderno: a ansiedade.

Livra-se, assim, da insegurança e ganha confiança para trabalhar sem amarras, livre das tensões reprobatórias, responsáveis diretas pelos estados depressivos que têm afligido cada vez mais vítimas na sociedade moderna, abarrotando os consultórios psiquiátricos, quando não buscam consolo em terapias ilusórias de autoajuda.

Tudo isso nos remete a uma indagação: será que tanta informação contribui efetivamente para nossa felicidade?

Esta é uma reflexão pessoal a que todos deveriam se submeter para melhor inserção na Era da Informação que está repleta de oportunidades. Mas, enquanto não temos estas respostas, que venham então mais Linux, Torvalds!

# Capítulo 7: ética sexual

Ora, que pode haver de ética quando se fala de atração sexual? À primeira vista, pode até parecer que não há relação alguma, não obstante, se olharmos mais a fundo, veremos que muita coisa está atrelada ao sexo e seus desejos.

Tudo o que está ligado com os instintos fundamentais do ser humano é um fator crucial em nossas decisões do cotidiano. É o que se costuma chamar de "gatilho emocional": quando uma vontade intrínseca, ligada à nossa realidade genésica, determina nossas ações.

Neste sentido, chamou-me especialmente a atenção uma reportagem instigante veiculada na imprensa em 2004,[84] na qual foi analisada de forma bastante sutil, porém muito bem embasada, as questões socioculturais e científicas por trás deste tema tão delicado. A tese defendida nesta reportagem pode ser resumida sucintamente pelo seguinte excerto:[85]

> "Além da aparência física, da conta bancária, do temperamento ou do simples impulso de reprodução proposto por Charles Darwin, ainda há uma confusão de hormônios, circuitos cerebrais e substâncias químicas influenciando a questão de com quem se gostaria de ir para cama".

Existem duas vertentes distintas com explicações complementares para o fenômeno da atração sexual. De um lado os sociólogos, antropólogos e demais adeptos das ciências humanas com suas justificativas baseadas nos padrões sócio-culturais.

Na contramão, por sua vez, está toda uma plêiade de cientistas, médicos, biólogos e químicos, com suas provas fundamentadas nos mecanismos bioquímicos e no código genético do corpo humano. Quem será que está com a razão?

Sou da opinião que o melhor seria pensarmos que ambos estão na direção correta. De fato, existe a tão falada "química do amor", contudo, o ser humano não se resume somente a um emaranhado de vias metabólicas, regidas pela herança genética, outrossim, a um complexo sistema físico-mental, onde os fatores psicológicos têm certamente um papel significativo.

Portanto, o entendimento de como os homens e as mulheres são estimulados sexualmente requer uma análise ampla e profunda, que vai muito além do estudo de artigos científicos, exigindo uma reflexão crítica sobre as questões ético-comportamentais envolvidas.

Pode parecer estranho, mas o despertar da sexualidade foi a grande motivação das pesquisas acadêmicas de Mirian Goldenberg, uma conceituada antropóloga da Universidade Federal do Rio de Janeiro (UFRJ).

Ela começou o seu trabalho levantando a seguinte indagação: "o que mais te atrai no sexo oposto?". As respostas dos dois grupos - masculino e feminino - foram unânimes: os homens se ligam primariamente à beleza, enquanto que as mulheres se atentam mais à inteligência.

Confirma-se, portanto, aquela famosa tese de que os homens são movidos muito mais pelo instinto do que as mulheres, as quais preferem analisar critérios mais subjetivos.

> "O fato é que a mulher é capaz de sentir desejo tão intenso quanto o homem. A diferença é que ela não é escrava do impulso".

Eu continuaria ainda dizendo que o homem consegue isolar melhor a componente sexual do lado sentimental. Não que eu defenda esta tese, mas é um fato. E muito da infidelidade conjugal se baseia justamente nele. Já que tocamos nesta questão ética, vamos aproveitar para tentar elucidá-la um pouco mais amiúde.

Sou partidário da ideia de que, em termos comportamentais, não existe diferença alguma entre os homens e as mulheres. Está certo que são realidades fisiológicas (hormonais) bem distintas, mas isto não deve justificar a subjugação dos homens, em certas circunstâncias, ao "poder da testosterona".

Aquele velho ditado que diz "a carne é fraca" não deve nunca justificar os desvios inconsequentes, que levam muitos pais de família à infidelidade. A razão e consciência devem sempre prevalecer.

Também não sou tão puritano a ponto de condenar a infidelidade em toda e qualquer situação. Muitos relacionamentos são "frágeis" demais para serem tratados como uniões estáveis...

Existem pessoas que ficam juntas muito mais por conveniência do que por um sentimento recíproco e genuíno de afinidade. Entenda-se por genuíno tudo o que é puro e verdadeiro.

Nestes casos, os quais, aliás, no mundo impulsivo e superficial de hoje em dia, são cada vez mais frequentes, eu diria que o comportamento infiel é, ou está ficando natural, por mais estranho que possa parecer.

Logo, se quisermos vivenciar relacionamentos duradouros, profícuos e sinceros, devemos nos amar de forma madura, o que significa, antes de qualquer coisa, a busca pelo autoconhecimento. Só assim, estaremos aptos a dar e receber o afeto de outrem.

Voltando novamente nossa atenção para certas questões de estética, é indiscutível que o gosto cabe a cada um, no entanto, podem-se prever certos padrões de beleza baseados em estudos de simetria e harmonia. Quanto mais no Brasil, um país onde a herança  colonizatória gerou uma riquíssima diversidade étnica, que possibilitou o surgimento de padrões de beleza um tanto quanto exóticos.

Mas o que, afinal, gera em nós essa apreciação e desejo quase compulsivos? Segundo pesquisadores ingleses, a atração sexual ocorre numa fração de segundo, o tempo necessário para desencadear uma complexa seqüência de impulsos bioquímicos a nível molecular, conforme descrito abaixo:

> "A atração começa no hipotálamo, área do sistema nervoso responsável pela produção de hormônios que controlam características do organismo como a fome, o sono e o humor. Dali envia-se uma mensagem à hipófise, que produz hormônios para as glândulas sexuais. Essas reagem produzindo estrogênio, progesterona e testosterona. Em seguida, o coração dispara, os músculos tencionam e o impulso está dado".

Imaginem só o caos que não seria se o impulso fosse efetivo a cada pessoa atraente que nos deparássemos pelas ruas. Ainda bem que a razão, na maioria dos casos, fala mais alto...

Mesmo assim, algumas pessoas, especialmente os homens, não conseguem controlar como deveriam seus impulsos sexuais mais íntimos. E o pior é que isto acaba por gerar sérios conflitos de consciência, quando não chega a casos mais extremos, tais como estupros, pedofilia e até mesmo a necrofilia.

Estes são desvios psicossociais inconcebíveis, que merecem as medidas mais enérgicas por parte da justiça criminal. Não se pode sequer imaginar o que é "sentir na pele" o estupro de uma esposa ou o abuso sexual de uma filha.

Nestes casos, quando se leva para o lado pessoal, todos os padrões ético-sociais são deixados de lado. E não concordo com a opinião destes psicólogos que acham que ainda pode haver recuperação para estes seres.

Seriam necessárias muitas vidas para se resgatar tamanha falta. Isto não é, de forma alguma, uma apologia à pena de morte, aliás, sou veemente contra, conforme abordado anteriormente (sobre a pena de Talião).

Somente considero que a reabilitação, nestes casos, é irreversível num curto espaço de tempo, o que justificaria a pena perpétua, mas em condições humanas e não segundo o vergonhoso sistema prisional brasileiro da atualidade que mais corrompe do que corrige.

Penso que o criminoso deve trabalhar para o seu sustento e contribuir para a mesma sociedade que prejudicou, ao invés de ainda gerar mais gastos para a mesma. O modelo dos Institutos Penais Agrícolas, num país com tantas terras e com a crescente demanda mundial por álcool, biodiesel, entre outros insumos agrícolas, seria uma boa forma de angariar mão de obra nas lavouras.

Voltando ao caso dos impulsos sexuais mais controláveis, temos ainda uma constatação científica muito curiosa para averiguar:

> "Mulheres que dormem ao lado de um homem tendem a menstruar e ovular mais regularmente ao mesmo tempo em que, nesse homem, a barba cresce mais rápido".

São muitos os benefícios de uma vida sexual mais estável. Acredita-se que o controle hormonal, na prática, faz bem para a pele, o humor e até melhora a memória. Portanto, é perfeitamente natural essa nossa constante busca pelo parceiro ideal.

Respeito muito o celibato, desde que seja uma opção do livre-arbítrio de cada um em caráter de devoção missionária e não imposta por dogmas religiosos.

Depois de analisadas as bases fisiológicas e sociais que regem a atração sexual, verificaremos então alguns comportamentos resultantes desse intrincado balanço físico-mental.

Muitos estudos comportamentais foram realizados por psicólogos ao redor do mundo a esse respeito, não obstante, cabe salientar algumas constatações curiosas feitas por alguns deles - os mais atentos...

Quase como uma premissa, todos apontam que, no campo dos relacionamentos, assim como na natureza, semelhante atrai semelhante (lei das afinidades).

Seja pela aparência física, ou pelo estilo de vida, o fato é que pelo menos 80% dos casais são semelhantes em quatro fatores:

1. Faixa etária;
2. Grau de escolaridade;
3. Religião;
4. Raça.

Isto sem mencionar a questão do nível social, que ainda impera fortemente em nossa sociedade, mesma que de forma mais velada. Quem não conhece um caso de alguém que tenha se casado por interesse, deixando de lado seu verdadeiro amor?

As pessoas nem imaginam o crime que cometem contra si mesmas ao reprimirem seus mais sinceros sentimentos em nome de interesses puramente materialistas. Ao enganarem-se, faltam com a ética pessoal contra si mesmas, contradizendo seus princípios morais, o que comprometerá inexoravelmente todos os seus planos futuros de felicidade.

O único consolo para eles é que, nos relacionamentos mais superficiais, com o tempo e a convivência, os parceiros acabam estabelecendo vínculos fugazes, mas ainda assim sinceros, porque todos, sem exceção, carregam pelo menos alguma qualidade latente, que acaba sendo valorizada pelo companheiro.

Outro fato curioso, que muitos já devem ter pensado, foi confirmado pelos pesquisadores da Universidade de Louiswille nos Estados Unidos:

"Quando uma mulher mostra interesse por um homem, ele se torna mais facilmente objeto de desejo das demais".

Parece uma praga: quando se está sozinho, as coisas ficam ainda piores e prevalece a percepção de que ninguém se interessa por nós. Basta começar um novo relacionamento, que logo começa a "chover" pretendentes...

É a força do desdém em ação, muito parecida com a "lei de mercado": quando ninguém tem interesse por determinado indivíduo, seu "valor" cai e poucos se interessam por suas "ações". Ao aparecer um pequeno "investidor", desperta-se imediatamente a atenção dos outros, "inflacionando" o valor do indivíduo antes menosprezado.

E é exatamente por isso que a aparência e autovalorização não deixam de ser formas de especulação que ditam, em grande parte, o sucesso em nossa sociedade, confirmando um pequeno nuance da sabedoria popular: "beleza traz dinheiro".

Por falar em sabedoria popular, quem não se lembra daquele ditado que diz que "depois de uns bons copos de cerveja não existe mulher feia". Pois é: pesquisadores descobriram que, realmente, após cinco copos de cerveja, cerca de 25% das pessoas perdem seus padrões de beleza. E não adianta reclamar de dor de cabeça no dia seguinte...

Acreditem: encontraram também explicações até para o ciúme excessivo. Dizem que as pessoas mais feias são também as mais ciumentas. Isto porque, como são menos atraentes e inseguras, temem mais pela perda do parceiro. Pelo menos, se tiverem uma conta bancária bem "gorda", podem apelar para cirurgias plásticas... Afinal, espero somente que fique registrada a mensagem:

---

o sexo não tem nada de errado, muito pelo contrário. Só não deve ser encarado como ponto principal para escolha do parceiro de toda uma vida. Lembrem-se: esta visão só serve, quando muito, nos primeiros meses de relacionamento.

---

A paixão é efêmera, mas o amor verdadeiro dura pela eternidade.

# Considerações

*Henri Poincaré*

$$\text{“}\delta F(vij\,,h) = ZM$$
$$ef\,[\,\Delta v + \nabla i \nabla jvij\ \ Rijvij$$
$$vij\nabla if\nabla jf + 2 < \nabla f, \nabla h > +(R + |\nabla f|2)(v/2\ \ h)] = ZM$$
$$ef\,[vij(Rij + \nabla i\nabla jf) + (v/2\ \ h)(2\,\Delta f\ \ |\nabla f|2 + R)]\text{”}$$

Após discorrer sobre os mais variados temas, que encerram a ética como questão crucial, gostaria que o desfecho desta obra nos remetesse ao ato de filosofar, no sentido mais nobre da palavra, cuja sinonímia nos remete ao ato de refletir, ir ao âmago das coisas, segundo nossa própria percepção.

Para o Mestre Dalai Lama,[86] a vida se resume a uma constante busca pela felicidade, a qual não pode ser outra coisa senão a satisfação das paixões ou das ambições. E é aí, sem hesitação, que se encerra o cerne de tudo o que fazemos: quem não tem paixão pela vida, em verdade, já deixou de vivê-la... Não devemos, nunca, perder esta motivação.

E a paixão de que falo não é exatamente aquela de um romance profundo, ou do novo emprego, que invariavelmente nos empolgam, mas sim a paixão gerada por aqueles atos simples e singelos que muitas vezes nos passam despercebidos na correria do dia-a-dia...

Falo da luz do sol que esquenta a pele nos dias de inverno, da brisa batendo no rosto que refresca a gente ao entardecer, do sabor inigualável de um pãozinho francês "fresquinho" que acabou de sair da padaria, da chuva que cai sobre as plantas no início da noite exalando aquele aroma maravilhoso de frescor, do fato elementar de estarmos vivos, com todos os sentidos aguçados que nos permitem este salutar intercâmbio de energias e sensações. Enfim, todas as dádivas da mãe-natureza, que nos revela a perfeição e imutabilidade das leis que a regem, causa e efeito, obra do Criador.

Mas vamos logo ao ponto: como as paixões humanas nos motivam? Quais são seus efeitos e como nos controlar diante deles? Eis o segredo da felicidade.

Não há dúvidas de que as paixões descontroladas, ou muito intensas, podem ser prejudiciais à nossa vida sob diversos aspectos. Por isso, para evitar tais desatinos, sempre que estivermos apreensivos sobre o que fazer, em qualquer circunstância, seja numa decisão profissional ou até mesmo numa discussão familiar, cabe sempre um momento de autorreflexão.

Pare, respire fundo e avalie a situação antes de reagir. Esta é uma atitude introspectiva e não deve ser compartilhada no momento em que acontece. Então, sem pressa, proceda à seguinte retro-análise mental:

1. Qual reação eu poderia ter? Enumere as possibilidades;
2. Para cada uma das reações, ache uma paixão correspondente que a tenha motivado;
3. Descubra que tipo de sentimentos (ou sentidos) está por trás dessa paixão;
4. Baseado em sua conduta pessoal, eleja aquela reação que seja mais coerente com seus princípios;
5. Reaja em sintonia com a sua consciência.

Este parece ser um procedimento simples, mas garanto que, se todos o fizessem antes de tomar qualquer atitude intempestiva, não sofreriam as consequências trágicas de um desatino, que poderiam abalar irreversivelmente suas vidas.

Nada melhor para ilustrar esta teoria do que um exemplo prático. Eis uma situação hipotética: no trabalho, existe um colega que se sente constantemente ameaçado pelo seu desempenho profissional e ele resolve armar um esquema para literalmente "puxar seu tapete", fazendo uma falsa acusação. Como reagir a esta cilada? Vamos aplicar nossa retro-análise mental.

1. Que reação você poderia ter?

> 1.1. Nenhuma. Ficaria impassível diante das ameaças e provocações;
> 1.2. Retrucaria com agressividade, falando umas "poucas e boas" para o ofensor;
> 1.3. Agiria de forma política e aberta, falando pessoalmente com todos os envolvidos, explicando a situação e defendendo-se segundo seu ponto de vista.

2. Para cada uma das reações, ache uma paixão correspondente que a tenha motivado.

> 2.1. Ausência de paixão;
> 2.2. Raiva;
> 2.3. Instinto de preservação.

3. Em seguida, descubra que tipo de sentimento (ou sentidos) está por trás desta paixão.

> 3.1. Apatia;
> 3.2. Orgulho ferido;
> 3.3. Prudência.

4. Se você for uma pessoa sensata, controlada e modesta, provavelmente optará pela reação 1.3.

5. Aja sempre de forma consciente e, assim, dificilmente se arrependerá dos seus atos.

Agora é a sua vez de fazer este exercício de retro-análise mental. Imagine que você está tendo uma séria discussão com o seu marido, ou esposa, e acaba de ser insultado justamente naquele ponto que mais te aborrece. Como proceder? Ao reagir, espero que encontre antes seu ponto de equilíbrio emocional e evite conflitos coscienciais futuros...

No mais, eu não poderia finalizar esta obra sem transmitir um último relato, exemplificando a natureza de uma atitude ideal, que intriga e fascina ao mesmo tempo, pois vai muito além do humano (bem apropriado ao "super-homem" de Nietzsche), transmutando a mais pura versão de um comportamento ético. Vejamos de que se trata.

Em meados de 2006, veiculou-se na imprensa uma notícia nem um pouco comum.[87] Chamou-me especialmente a atenção o título: "Gênio Russo Rejeita Nobel da Matemática". Este indivíduo chama-se Grigory Perelman. Figura tipicamente "nerd": barbudo, ruivo, com seus trinta e poucos anos, que trabalhava anonimamente no Instituto de Matemática Steklov em São Petersburgo. Seu feito: simplesmente resolveu aquele que é considerado um dos sete maiores problemas matemáticos do milênio, a Conjectura Poincaré.[88] Só para se ter uma idéia do que este feito pode representar para a humanidade, segue um trecho da referida reportagem:

> "A resolução de Perelman tem profundas implicações para ciência. Segundo especialistas, ela permite que se faça um catálogo de todas as formas tridimensionais possíveis no universo, o que significa que poderíamos descrever a forma do próprio cosmos".

Durante um século, cientistas de todo mundo tentaram, em vão, resolvê-la. Por sua vez, "Grisha" (seu pseudônimo) alcançou sua resolução em nada menos do que 34 páginas e, ao invés de publicá-la em uma renomada revista científica, optou tão-somente por divulgá-la na web para o domínio público em novembro de 2002.

Por quê? Alguns, mais pretensiosos, poderiam até dizer: "estratégia de marketing". E, realmente, muitas pessoas, que não têm ainda a capacidade de contemplar suas razões, o fizeram, com peculiar interesse a "imprensa marrom".

O que tanto os choca, talvez, seja o seu desprendimento das devidas honrarias pelo feito, tendo negado aquele que é considerado o Nobel da matemática: o prêmio Fields Medal (e mais o equivalente a 1 milhão de dólares em sua conta bancária).

Eu digo, outrossim, que pessoas como Grisha, assim como Cristo, Da Vinci, Ganghi, Einstein, entre outros pouquíssimos exemplos, agem por amor e não por dinheiro, reconhecimento ou qualquer outro tipo de recompensa. Como já vimos, são hackers no sentido mais apropriado da palavra...

Segundo sua lógica, o problema foi resolvido, visando o bem da maioria (o grande intuito da ética) e isso é tudo que o interessa. Alguns, fatalmente, podem falar: "utópico demais". Eu digo: sem palavras! Pena que o dom da genialidade conjugado com caráter é para poucos. Por isso, prefiro acreditar que o conhecimento é sim imanente...

# Posfacio

Nada mais feliz foi a decisão do moço Ricardo de Lima Barreto, ao escolher para o pórtico desta obra a figura magistral de Rui Barbosa, um dos maiores pensadores brasileiros. Foi uma espécie de decisão mística, ao invocar inspiração para um trabalho literário repleto de locuções lítero-filosóficas.

Seria muito mais fácil apreciar esta obra se ela não tivesse nenhuma conotação com os mistérios da vida. Entretanto, não é o caso presente. A profundidade de suas pesquisas, principalmente na área da metafísica, da ética e da moral, obriga-nos aguçar nossa mente nas raízes dos conceitos. Se assim não fizermos, seremos arrastados pela torrente de seu raciocínio e, conseqüentemente, pelas suas conclusões.

O conceito mais profundo aqui examinado foi o metafísico do "Livre Pensamento" que eu, um antigo ATEU, passei para o materialismo para evoluir e me fixar, finalmente, na moderna filosofia do "Livre Pensamento". Não se trata, na realidade, de um "Pensamento Livre", mas, sim, de um "Livre Arbítrio" para apreciação de cada preceito religioso sem interferir ou condenar os fundamentos filosóficos de cada um, desde que praticados fielmente e, principalmente, sem fanatismo que constitui um execrado mal de todas organizações sociais e religiosas. Luto pela perfeição de todos os preceitos sadios que regem uma sociedade humana, sejam eles de caráter físico ou metafísico. Até um Código de Hamurabi, com seu princípio feroz do "olho por olho, dente por dente" poderia ser melhor interpretado e adaptado à velha Mesopotâmia sem a filosofia da "Justiça Vingativa".

Não poderemos afirmar que, neste trabalho, há o melhor e o pior capítulo porque o autor primou pela busca da perfeição em todos eles. Entretanto, eu, particularmente, prefiro o capítulo "Análise V – Ética Científica", de inspiração Nietzschiana como de conteúdo mais profundo e sem qualquer afirmação discordante de meu entendimento.

---

Todas as religiões tiveram, como preceito positivo, a prática do bem. O fanatismo, entretanto, destruiu, em quase todas, este preceito ético, desvirtuando-as.

---

Em um dos capítulos o autor desta obra exalta a caridade como sendo o maior legado do ser humano. Sempre professei uma filosofia contrária à caridade. Sobre o assunto escrevi:

> "A caridade é a maneira pela qual compensamos nossas faltas, dando a algum mendigo as sobras de nosso prato. Se sonhamos com o céu, ela visa a compra de um passaporte para esse Paraíso após a morte. Se nele não acreditamos, nada mais representa do que uma descarga do peso de nossa consciência, porque a esmola é um vilipêndio, é um ultraje à honra de que foi vencido na luta pela vida por aquele que a natureza dotou com superior capacidade física e mental".

Recomendo a leitura, com carinho, dos referidos capítulos, "Ética Científica e o capítulo neológico Nética, cujo valor está nas análises meticulosas que o autor fez, principalmente neste último onde fez várias indagações, duvidando que as informações obtidas possam contribuir para a nossa felicidade (Leia o meu poema "A Procura da Felicidade", onde, como poeta a encontrei).

O valor deste livro está na profundidade analítica dos temas que o autor, bem novo, avançou com coragem em busca de soluções, principalmente filosóficas e religiosas.

O que mais me impressionou, conforme já disse anteriormente, foi sua perspicaz análise do denominado "Livre Pensamento", corrente filosófica que eu abraço e que combate o maior inimigo da liberdade religiosa – o fanatismo. Sobre a matéria, Ferrater Mora, no seu Dicionário de Filosofia vol. II, pág. 57, muito bem a apreciou. Diz ele que o termo Livre Pensador pode tomar dois sentidos: um amplo e outro restrito. No primeiro sentido chama-se "Livre Pensador" todo aquele que não aderiu a um determinado dogma. Nesse sentido são os libertinos, os libertários, ou seja, anarquistas, inimigos de todo governo, não entendidos como sectários, que segue uma seita. No segundo sentido se chama "Livre Pensador" os diversos grupos de pensadores dos séculos XVII e XVIII, especialmente na Inglaterra e na França. A característica predominante dos "Livre Pensadores" franceses e ingleses era predicar a tolerância religiosa e aplaudir o racionalismo. Os livre pensadores em questão rechaçaram, quase sempre, os mistérios sobrenaturais e os dogmas das Igrejas oficiais; às vezes admitiam um cristianismo primitivo, em seu entender mais puro. "A veces opusieron el Estado a la Iglesia como medio de fomentar la tolerância religiosa" (Ibidem).

No capítulo "Ética Científica", o autor expõe as muitas iniqüidades cometidas contra aqueles que ousassem pensar além dos limites impingidos pela "Santa Igreja". Taxados de bruxos, muitos cientistas foram considerados hereges pela Igreja Católica e queimados vivos nas fogueiras por causa de suas ideias tidas como revolucionárias.

A este respeito foi publicado, recentemente, um livro do Acadêmico Arnaldo Niskier, ex-presidente da Academia Brasileira de Letras, "Branca Dias – O Martírio", muito ilustrativo que merece ser lido por todos que desejam conhecer a verdade histórica da Inquisição, mancha negra de um período do falso cristianismo que contrariou a pregação do próprio Cristo.

Finalizando o presente Posfácio, já muito longo, não poderei deixar de reconhecer a bem elaborada análise das duas principais proposições: A ÉTICA E A MORAL.

Acredito, piamente, no êxito desta publicação, sem entrar nas apreciações Kardecistas de um dos capítulos e do Prefaciador.

*Silva Barreto*
São Paulo, primavera de 2007

# Notas & referências

1. Sócrates (470 a.C. - 399 a.C.) foi um filósofo ateniense e um dos mais importantes ícones da tradição filosófica ocidental (extraído da Wikipédia em julho de 2006).

2. Platão, Diálogos: Apologia de Sócrates, 1996, 2a ed., Editora Nova Cultural, 63-97.

3. Benedictus de Spinoza (1632-1677), mais conhecido como Baruch de Espinoza (seu nome hebraico), Bento de Espinosa ou Bento d'Espiñoza, foi um dos grandes racionalistas da filosofia moderna, juntamente com René Descartes e Gottfried Leibniz. Considerado o fundador do criticismo bíblico moderno (extraído da Wikipédia em julho de 2006).

4. Baruch, de Espinosa, Ética, 1973, 1a ed., Editora Abril, 79-307.

5. Grande Enciclopédia Larousse Cultural, 1988, Editora Universo, 2336.

6. Bueno, F. S. Mini-Dicionário da Língua Portuguesa, 2000, Editora FTD, 334.

7. O Novo Testamento, também conhecido por Escrituras gregas, é o nome dado à parte da Bíblia que foi escrita após o nascimento de Jesus. O termo é uma tradução do Latim, Novum Testamentum, que em grego escreve-se Η Καινη Διαθηκη, Hê Kainê Diathêkê, significando "A Nova Aliança" ou Testamento. Foi originalmente usado pelos primeiros cristãos para descrever suas relações com Deus (veja II Coríntios 3:6-15; Hebreus 9:15-20) e posteriormente para designar uma coleção específica de 27 livros (extraído da Wikipédia em maio de 2006).

8. Paulo de Tarso (nome original - Saulo) ou São Paulo, o apóstolo, (cerca de 3 – c. 66) é considerado por muitos cristãos como o mais importante discípulo de Jesus e, depois de Jesus, a figura mais importante no desenvolvimento do Cristianismo nascente. Paulo de Tarso é um apóstolo diferente dos demais. Primeiro porque ao contrário dos outros, Paulo não conheceu Jesus pessoalmente. Por outro lado, Paulo era um homem culto, freqüentou uma escola em Jerusalém, tinha feito uma carreira no Templo (era Fariseu), onde foi sacerdote. Destaca-se dos outros apóstolos pela sua cultura. A maioria dos outros apóstolos era pescadores, analfabetos. A língua materna de Paulo era o grego. É provavel que também dominasse o aramaico. Educado em duas culturas (grega e judaica), Paulo fez muito pela difusão do Cristianismo entre os gentios e é considerado uma das principais fontes da doutrina da Igreja. As suas Epístolas formam uma secção fundamental do Novo Testamento. Alguns afirmam que ele foi quem verdadeiramente transformou o cristianismo numa nova religião, e não mais uma seita do Judaísmo. Foi a mais destacada figura cristã a favorecer a abolição da necessidade da circuncisão e dos estritos hábitos alimentares tradicionais judaicos. Esta opção teve a princípio a oposição de outros líderes cristãos, mas, em conseqüência desta revolução, a adoção do cristianismo

pelos povos gentios tornou-se mais viável, ao passo que os Judeus mais conservadores, muitos deles vivendo na Europa, permaneceram fiéis à sua tradição, que não tem um móbil missionário (extraído da Wikipédia em maio de 2006).

9. Aurélio Agostinho (do latim, Aurelius Augustinus), Agostinho de Hipona ou Santo Agostinho foi um bispo católico, teólogo e filósofo que nasceu em 13 de Novembro de 354 em Tagaste (hoje Souk-Ahras, na Argélia); morreu em 28 de Agosto de 430, em Hipona (hoje Annaba, na Argélia). É considerado pelos católicos santo e doutor da doutrina da Igreja (extraído da Wikipédia em julho de 2006).

10. São Tomás de Aquino, OP, (perto de Aquino, Itália, 1227 - Paris, 7 de Março 1274), tido como santo pela Igreja Católica, foi um frade dominicano e teólogo italiano. Nascido numa família nobre, estudou filosofia em Nápoles e foi depois para Paris, onde se dedicou ao ensino e ao estudo de questões filosóficas e teológicas. Aos 19 anos fugiu de casa para se juntar aos dominicanos. Conseguiu entrar na Ordem fundada por São Domingos de Gusmão. Foi mestre em Paris e morreu na Abadia de Fossanova quando se dirigia para Lião a fim de participar do Concílio de Lião. Seus interesses não se restringiam a religião e filosofia, mas também interessou-se pelo estudo de alquimia, tendo publicado uma importante obra alquímica chamada "Aurora Consurgens". O mérito transcendente de São Tomás consistiu em introduzir aristotelismo na escolástica anterior. A partir de São Tomás a Igreja tem uma teologia (fundada na revelação) e uma filosofia (baseada no exercício da razão humana) que se fundem numa síntese definitiva: fé e razão. São Tomás é considerado um dos maiores mestres da Igreja pois conseguiu alcançar um profundo entendimento da espiritualidade cristã. É também conhecido como o Doutor Angélico (extraído da Wikipédia em julho de 2006).

11. Lamartine, Palhano Junior, Teologia Espírita, 2004, 1a ed., CELD Editora, 1-508.

12. Pseudônimo de Hippolyte Léon Denizard Rivail, (Lyon, 3 de outubro de 1804 — Paris, 31 de março de 1869) foi o codificador do Espiritismo, também chamado Doutrina Espírita (extraído da Wikipédia em maio de 2006).

13. Livre pensador é aquele que analisa o que o rodeia à base do seu próprio raciocínio, sem se deixar influenciar, dentro do possível, por correntes alheias nem ideias preconcebidas. O pensamento livre é fruto do liberalismo do século XVIII (extraído da Wikipédia em julho de 2006).

14. A Logosofia (www.logosofia.org) é uma ciência desenvolvida pelo pensador e humanista argentino Carlos Bernardo González Pecotche, que oferece ferramentas de ordem conceitual e prática para obter o auto-aperfeiçoamento através de um processo de evolução consciente e realizar, paralelamente, um processo que conduz ao conhecimento de si mesmo (extraído da Wikipédia em novembro de 2007).

15. Carlos Bernardo Gonzalez Pecotche foi um pensador argentino criador da Logosofia, também conhecido no mundo do pensamento com o nome de RAUMSOL, nasceu em Buenos Aires, em 11 de agosto de 1901. Escreveu mais de 20 livros e deixou instruções e ensinamentos para a criação de Fundações de estudo da Logosofia (extraído da Wikipédia em fevereiro de 2007).

16. O Código de Hamurabi é um dos mais antigos conjuntos de leis já encontrados e um dos exemplos mais bem preservados deste tipo de documento da antiga Mesopotâmia. Segundo os cálculos, estima-se que tenha sido elaborado por Hamurabi por volta de 1700 a.C. (extraído da Wikipédia em novembro de 2007).

17. Ainda hoje, muitos países ditos "civilizados", como os USA, adotam a pena de morte em suas legislações (nota do prefaciador).

18. Rui Barbosa de Oliveira (Salvador, 5 de novembro de 1849 — Petrópolis, 1º de março de 1923) foi um jurista, político, diplomata, escritor, filólogo, tradutor e orador brasileiro (extraído da Wikipédia em novembro de 2007).

19. O Dr. Martin Luther King, Jr. (15 de janeiro de 1929, Atlanta, Geórgia – 4 de abril de 1968, Memphis, Tennessee) foi um pastor e ativista político estadunidense. Pertencente à Igreja Batista, tornou-se um dos mais importantes líderes do ativismo pelos direitos civis (para negros e mulheres, principalmente) nos Estados Unidos e no mundo, através de uma campanha de não-violência e de amor para com o próximo. Tornou-se a pessoa mais jovem a receber o Prêmio Nobel da Paz em 1964, pouco antes de seu assassinato. Seu discurso mais famoso e lembrado é "Eu Tenho Um Sonho" (extraído da Wikipédia em novembro de 2007).

20. Kardec, Allan, O Evangelho Segundo o Espiritismo, 2002, 119o ed. cap. 8, pg. 152-153.

21. A Lei do talião (do latim Lex Talionis: lex: lei e talis: tal, parelho) consiste na justa reciprocidade do crime e da pena. Esta lei é freqüentemente simbolizada pela expressão olho por olho, dente por dente. É uma das mais antigas leis existentes (extraído da Wikipédia em maio de 2006).

22. Karma (do sânscrito karmam; em pali, Kamma) significa ação. O termo tem uso religioso dentro das doutrinas budista, hinduísta e jainista. Foi posteriormente adotado também pela Teosofia, pelo Espiritismo e por um subgrupo significativo do movimento New Age (extraído da Wikipédia em novembro de 2007).

23. A Doutrina Espírita é uma corrente de pensamento — nascida em meados do século XIX — que se estruturou a partir de diálogos estabelecidos entre o pedagogo francês Hippolyte Léon Denizard Rivail e o que ele e muitos pesquisadores da época defendiam tratar-se de espíritos de pessoas falecidas, a manifestar-se através de diversos médiuns. Caracteriza-se pelo ideal de compreensão da realidade mediante a integração entre as três formas consideradas clássicas de conhecimento, que seriam a científica, a filosófica e a religiosa. Segundo Allan Kardec, cada uma delas, se

tomada isoladamente, tenderia a conduzir a excessos de ceticismo, negação ou fanatismo. A doutrina espírita se propõe, assim, a estabelecer um diálogo entre elas, visando à obtenção de uma forma original, que a um só tempo fosse mais abrangente e profunda, de compreender a realidade. A sua base doutrinária é o Livro dos Espíritos, primeira das chamadas obras básicas escritas por Rivail. Nesse livro, consta o resultado preliminar dos diálogos estabelecidos por ele em diversas reuniões mediúnicas com o que seriam espíritos "desencarnados". A obra é dividida em 1019 tópicos no estilo pergunta–resposta, ordenados didaticamente pelo pedagogo. As questões levantadas em O Livro dos Espíritos serviram como base para os demais livros que compõem a Codificação espírita. Segundo muitos de seus estudiosos, a doutrina espírita tem inspiração cristã, apesar das concepções teológicas bem diferenciadas no que diz respeito a conceitos como divindade, natureza humana, salvação, graça e destino. Para eles, Jesus Cristo é o espírito mais elevado que conhecemos em toda a história da Terra, bem como o modelo de conduta para o auto-aperfeiçoamento humano (extraído da Wikipédia em novembro de 2007).

24. A reencarnação é um dos princípios fundamentais do Espiritismo, segundo o qual os espíritos devem passar por uma série de existências corpóreas, em diversos mundos, de acordo com seu grau de evolução (nota do autor).

25. Filosofia (φιλοσοφία) é uma palavra que deriva do grego e resulta da união de outras duas palavras: philia (φιλία), que significa "amizade", "amor" (não no sentido erótico) e "sophia" (σοφία), que significa "sabedoria", "conhecimento". De "sophia" decorre a palavra "sophos" (σοφός), que significa "sábio", "instruído". Assim, o "filósofo" seria aquele que ama e busca "a sabedoria". A tradição atribui ao filósofo Pitágoras a criação da palavra. São muitas, entretanto, as discussões sobre sua definição e seu objeto específico (extraído da Wikipédia em maio de 2006).

26. Platão de Atenas, 428/27 a.C. - 347 a.C., filósofo grego. Discípulo de Sócrates, fundador da Academia e mestre de Aristóteles. Seu nome verdadeiro era Aristócles; Platão era um apelido que, provavelmente, fazia referência à sua característica física, tal como o porte atlético ou os ombros largos, ou ainda a sua ampla capacidade intelectual de tratar de diferentes temas. Πλάτος (plátos), em grego significa amplitude, dimensão, largura. Sua filosofia é de grande importância e influência. Platão ocupou-se de vários temas, entre eles: ética, política, metafísica e teoria do conhecimento (extraído da Wikipédia em maio de 2006).

27. Friedrich Wilhelm Nietzsche (Röcken, 15 de Outubro de 1844 — Weimar, 25 de Agosto de 1900) foi um influente filósofo alemão do século XIX (extraído da Wikipédia em agosto de 2006).

28. Jean-Paul Sartre (Paris, 21 de Junho de 1905 — Paris, 15 de Abril de 1980) foi um filósofo existencialista francês do início do século XX. Dizia vir a existência antes da essência. Assim, no existencialismo (que começa com Kierkegaard, 1813-1855), o papel da filosofia é invertido. Desde Platão, quando temos o nascimento da linguagem filosófica (em forma de diálogos), a preocupação desta é o universal em

detrimento do particular. E, agora, a existência toma seu lugar na discussão filosófica, partindo de questões cotidianas, e caminhando em direção à universalidade (extraído da Wikipédia em agosto de 2006).

29. Epicuro de Samos, filósofo grego do período helenístico. Seu pensamento foi muito difundido e numerosos centros epicuristas se desenvolveram na Jônia, no Egito e, a partir do século I, em Roma, onde Lucrécio foi seu maior divulgador (extraído da Wikipédia em maio de 2006).

30. Para um maior entendimento sobre o termo, vide A Loucura Benigna, publicado pelo autor em Livrovivo 2000-2002, 1a ed., Editor-Autor, 2003.

31. Demócrito de Abdera (cerca de 460 a.C. - 370 a.C.) é tradicionalmente considerado um filósofo pré-socrático. Foi discípulo e depois sucessor de Leucipo de Mileto. A fama de Demócrito decorre do fato dele ter sido o maior expoente da teoria atômica ou do atomismo. De acordo com essa teoria, tudo o que existe é composto por elementos indivisíveis chamados átomos (e é daí que vem a palavra átomo, que em grego significa "a", negação e "tomo", divisível. Átomo= indivisível) (extraído da Wikipédia em agosto de 2006).

32. Carl Gustav Jung (Kesswil, Basiléia, 26 de julho de 1875 - Küsnacht, 6 de junho de 1961) foi um psiquiatra suíço responsável pelo desenvolvimento da teoria da psicologia analítica (extraído da Wikipédia em agosto de 2006).

33. Friedrich W. Doucet, O Livro de Ouro das Ciências Ocultas, 2002, Ediouro, 37.

34. Johann Heinrich Pestalozzi (12 de janeiro de 1746 - 17 de fevereiro de 1827) era pedagogo suíço e educador pioneiro da reforma educacional (extraído da Wikipédia em agosto de 2006).

35. Kanitz, S. Veja, 2001, 1684, ano 34, No 3 (janeiro).

36. Bertrand Arthur William Russell, 3o Conde Russell (Ravenscroft, 18 de Maio de 1872 — Penrhyndeudraeth, 2 de Fevereiro de 1970) foi um dos mais influentes matemáticos, filósofos e lógicos que viveram (em grande parte) no século XX. Um importante político liberal, ativista e um popularizador da filosofia. Milhões de pessoas respeitaram Russel como uma espécie de profeta da vida racional e da criatividade. A sua postura em vários temas foi controversa (extraído da Wikipédia em agosto de 2006).

37. Russel, B. A Sociedade Humana na Ética e na Política, 1956, Compahia Editora Nacional, 206.

38. Pires, L.; Rydlewski, C. Veja, 2004, 1835, 74-77.

39. Lobos, Julio, Ética & Negócios, 1ª ed., São Paulo: Instituto da Qualidade, 2003.

40. De Masi, D. O Ócio Criativo, Rio de Janeiro: Sextante, 328 p., 2000.

41. Franco, E. Revista Galileu, outubro de 2006, N° 183, 35-43.

42. Ehrman, Bart D., O que Jesus disse? O que Jesus não disse?: quem mudou a Bíblia e por quê, São Paulo: Prestígio, 2006.

43. Ler o capítulo "Minha Religião", em Livrovivo 2000-2002, Editor-Autor, 43-45, 2003.

44. Michelangelo ("Miguel Ângelo") di Ludovico Buonarroti Simoni (Caprese, 6 de Março de 1475 — Roma, 18 de Fevereiro de 1564) foi um pintor, escultor, poeta e arquiteto renascentista italiano. É famoso principalmente pela criação dos afrescos do teto da Capela Sistina, um dos trabalhos mais extraordinários de toda a arte ocidental, e também do Julgamento Final sobre o altar e do "Martírio de São Pedro" e da "Conversão de São Paulo" na Capela Paulina do Vaticano. Entre as suas muitas esculturas, contam-se a Pietà e o David, também sublimes obras-primas, bem como a Virgem, Baco, Moisés, Raquel, Léa e membros da família Médici. Foi também ele a conceber a cúpula da Basílica de São Pedro em Roma (extraído da Wikipédia em setembro de 2006).

45. Albert Einstein (Ulm, 14 de Março de 1879 — Princeton, 18 de Abril de 1955) foi o físico que propôs a teoria da relatividade. Ganhou o Prémio Nobel da Física de 1921 pela correta explicação do Efeito fotoeléctrico; no entanto, o prémio só foi anunciado em 1922. O seu trabalho teórico sugeriu a possibilidade da criação de uma bomba atómica, apesar de ter sido contra seu desenvolvimento como arma de destruição em massa. Após a formulação da teoria da relatividade em Junho de 1905, Einstein tornou-se famoso mundialmente, na época algo de pouco comum para um cientista. Nos seus últimos anos, a sua fama excedeu a de qualquer outro cientista na história, e na cultura popular, Einstein tornou-se um sinónimo de alguém com uma grande inteligência e um grande gênio. A sua face é uma das mais conhecidas em todo o mundo. Em sua honra, foi atribuído o seu nome a uma unidade usada na fotoquímica, o einstein, bem como a um elemento químico, o Einstênio. Foi um dos maiores gênios da Física, tendo o seu QI estimado em cerca de 240. Algumas fontes informam um suposto resultado de 158, provavelmente limitado pelo teto do teste (extraído da Wikipédia em setembro de 2006).

46. Wolfgang Amadeus Mozart (Salzburgo, 27 de Janeiro de 1756 — Viena, 5 de Dezembro de 1791) foi um compositor e músico da música erudita, um dos expoentes máximos da música clássica, e um dos mais populares das audiências contemporâneas (extraído da Wikipédia em setembro de 2006).

47. Cury, A. J. A Ditadura da Beleza e a Revolução das Mulheres, Rio de Janeiro: Sextante, 2005.

48. Michael Schumacher (Hürth-Hermülheim, 3 de Janeiro de 1969) é um ex-piloto de automobilismo alemão, sete vezes campeão da Fórmula 1. De acordo com o site Oficial da Fórmula 1, ele é, estatisticamente, o maior piloto de todos os tempos na Fórmula 1, tendo conseguido ao longo dos seus 15 anos de carreira bater praticamente todos os recordes mais importantes. Durante sua carreira, correu pelas equipes Jordan-Ford, Benneton-Ford, Benneton-Renault e Ferrari. Schumacher tornou-se conhecido não só pelos recordes, mas também pelas diversas polêmicas em que esteve envolvido durante a carreira (extraído da Wikipédia em novembro de 2007).

49. Gisele Caroline Nonnenmacher Bündchen (Horizontina, Rio Grande do Sul, 20 de julho de 1980) é uma supermodelo brasileira. Já foi capa de centenas de revistas e outdoors e é garota-propaganda de mais de 20 produtos em todo o mundo. Foi declarada a modelo mais bem paga do mundo - um título que mantém há cinco anos- ganhando $30 milhões entre junho de 2005 e junho de 2006. Sua fortuna pessoal é avaliada em 150 milhões de dólares, aparecendo no Guiness Book como a modelo mais rica do mundo (extraído da Wikipédia em setembro de 2006).

50. Franklin Leopoldo e Silva é um professor universitário brasileiro. Bacharel (1971), mestre (1975), doutor (1981) e livre-docente (1991), pela Universidade de São Paulo, é professor titular de história da filosofia contemporânea da mesma universidade. Especialista em Descartes, Bergson e Sartre, escreveu inúmeros artigos, participou de várias coletâneas e escreveu diversos livros (extraído da Wikipédia em junho de 2013).

51. Extrapolação do ditado popular que diz que "os fins justificam os meios", o qual foi inspirado nas teorias de um dos fundadores da ciência política moderna: Nicolau Maquiavel.

52. Jean-Jacques Rousseau (28 de Junho de 1712, Genebra - 2 de Julho de 1778, Ermenonville, perto de Paris) foi um filósofo suíço, escritor, teórico político e um compositor musical autodidata. Uma das figuras marcantes do Iluminismo francês, Rousseau é também um precursor do romantismo. Rousseau foi uma das principais inspirações ideológicas da segunda fase da Revolução Francesa - a última das revoluções modernas, e que deu início a um longo período de terror e instabilidade política, que acabaria por levar à ditadura de Napoleão (extraído da Wikipédia em fevereiro de 2007).

53. Roberto DaMatta (Niterói, 29 de julho de 1936) é um importante antropólogo brasileiro, além de também trabalhar como conferencista, professor universitário, consultor, colunista de jornal e produtor de TV (extraído da Wikipédia em junho de 2013).

54. Escândalo do Mensalão ou "esquema de compra de votos de parlamentares" é o nome dado à maior crise política sofrida pelo governo brasileiro do presidente Luiz Inácio Lula da Silva (PT) em 2005/2006. O neologismo mensalão, popularizado pelo então deputado federal Roberto Jefferson em entrevista que deu ressonância

nacional ao escândalo, é uma variante da palavra "mensalidade" usada para se referir a uma suposta "mesada" paga a deputados para votarem a favor de projetos de interesse do Poder Executivo. Segundo o deputado, o termo já era comum nos bastidores da política entre os parlamentares para designar essa prática ilegal (extraído da Wikipédia em fevereiro de 2007).

55. Reelegemos este mesmo presidente do "mensalão" – o Lula – para seu segundo mandato (2007–2010), mesmo diante das inúmeras denúncias recaídas sobre seu partido – o PT – e seus "companheiros" de governo.

56. Fernando Affonso Collor de Mello (Rio de Janeiro, 10 de Agosto de 1949), foi presidente do Brasil entre 1990 e 1992. Seu governo foi marcado pelo Plano Collor e pela abertura do mercado nacional às importações. Não terminou o mandato, tendo sofrido um processo de impeachment fundado em acusações de corrupção (extraído da Wikipédia em agosto de 2006).

57. Pedro Affonso Collor de Mello (Maceió, 14 de dezembro de 1952 — 19 de dezembro de 1994) foi um empresário brasileiro, irmão do ex-presidente Fernando Collor de Mello, comandava as empresas da famila em Alagoas. Pedro Collor denunciou um esquema de corrupção política envolvendo Paulo César Farias, tesoureiro de Fernando Collor. Essa denúncia desencadeou o processo de impeachment do então presidente Fernando Collor. Pedro Collor morreu de câncer no cérebro em 1994, deixou esposa e três filhos. Foi autor do best-seller nacional "Passando a limpo - A trajetória de um farsante", publicado pela Editora Record em 1992. Nele relata os bastidores do poder do governo federal sob os auspícios do seu irmão Fernando e de PC Farias. Relata episódios da sua infância e da família Collor, seguindo pela eleição de Fernando Collor para Prefeito de Maceió, Governador de Alagoas e Presidente do Brasil. "Passando a limpo" revela os esquemas corruptos levados a efeito no governo Collor, além das fofocas de bastidores envolvendo traições, bebedeiras e uso de drogas (extraído da Wikipédia em agosto de 2006).

58. Paulo César Farias, mais conhecido por P.C. Farias, foi o tesoureiro de campanha de Fernando Collor de Mello nas eleições presidenciais brasileiras de 1989. Ele veio a ser a personalidade chave que causou o primeiro processo de impeachment da América Latina. Acusado pelo irmão do ex-presidente Fernando Collor em matéria de capa da revista Veja, P.C. Farias seria o testa de ferro nos diversos esquemas de corrupção divulgados entre 1990 e 1991. P.C. Farias apareceu morto, junto com sua amante, em 1996. Até hoje, existem muitas dúvidas e especulações envolvendo todos esses acontecimentos. Uma dessas especulações é que a sua morte foi uma queima de arquivo (extraído da Wikipédia em agosto de 2006).

59. Haag, Carlos, "Entre a Virtude e a Fortuna", Pesquisa Fapesp, outubro de 2006, N° 128, 76-81.

60. A Organização das Nações Unidas (ONU) foi fundada oficialmente a 24 de Outubro de 1945 em São Francisco, Califórnia por 51 países, logo após o fim da

Segunda Guerra Mundial. A primeira Assembléia Geral celebrou-se a 10 de Janeiro de 1946 (em Westminster Central Hall, localizada em Londres). A sua sede atual é na cidade de Nova Iorque. A precursora das Nações Unidas foi a Sociedade de Nações (também conhecida como "Liga das Nações"), organização concebida em circunstâncias similares durante a Primeira Guerra Mundial e estabelecida em 1919, em conformidade com o Tratado de Versalhes, "para promover a cooperação internacional e conseguir a paz e a segurança". Em 2006 a ONU tem representação de 192 Estados-Membros - cada um dos países soberanos internacionalmente reconhecidos, exceto o Vaticano, que tem qualidade de observador, e países sem reconhecimento pleno (como Taiwan, que é território reclamado pela China, mas de reconhecimento soberano por outros países). Um dos feitos mais destacáveis da ONU é a proclamação da Declaração Universal dos Direitos Humanos, em 1948 (extraído da Wikipédia em setembro de 2006).

61. Não deixe de acessar o site www.itamaraty.gov.br e conhecer mais sobre a importância deste órgão.

62. Sérgio Vieira de Mello (Rio de Janeiro Brasil, 15 de Março de 1948 - Bagdá Iraque, 19 de Agosto de 2003) foi um diplomata onusiano e cidadão cosmopolita, que dedicou 34 anos da sua vida ao serviço das Nações Unidas (ONU). Morreu num atentado terrorista à sede local da ONU juntamente com outros membros do seu staff (extraído da Wikipédia em agosto de 2006).

63. Saddam Hussein Abd al-Majid al-Tikriti (صدام حسين) (Tikrit, 28 de Abril de 1937) é um político e ex-estadista iraquiano. Foi ditador do Iraque no período 1979-2003 (extraído da Wikipédia em agosto de 2006).

64. Kofi Annan (Kumasi, Gana, 8 de abril de 1938) é um diplomata de Gana. Foi, entre 1º de janeiro de 1997 e 1º de janeiro de 2007, o sétimo secretário-geral da Organização das Nações Unidas, tendo sido laureado com o Prêmio Nobel da Paz em 2001 (extraído da Wikipédia em novembro de 2007).

65. Editoria da revista publicou um artigo intitulado Ethics and Fraud in Three cheers for peers, Nature, 2005, 439, 117.

66. a) Woo Suk, H. et al.; Science, 2004, 303, 1669. b) Woo Suk, H. et al.; Science, 2005, 308, 1777.

67. Fernando Coelho, Química Nova, vol. 29, N°2, 185, 2006.

68. Bertrand Russel, A Sociedade Humana na Ética e na Política, 216.

69. Farias, R.F.; Bassalo, J. M. F.; Ferreira, J. E. Ética e Atividade Científica, Campinas: Editora Átomo, 2006.

70. Richard Dawkins, O Capelão do Diabo, São Paulo: Compahia das Letras, 2005.

71. Christopher Reeve (New York, 25 de Setembro de 1952 — Mount Kisco, Agosto de 2004) foi um ator e produtor de cinema norte-americano. Tornou-se famoso ao protagonizar o papel de Super-Homem no cinema. Ficou tetraplégico em 1996, após sofrer um acidente numa prova de hipismo. Determinado, criou a Christopher Reeve Paralysis Foundation visando melhorar a condição de vida de pessoas como ele, vítimas de algum tipo de paralisia. Era casado com a atriz Dana Reeve que, desde o acidente, se dedicou exclusivamente ao marido, até falecer de cancro do pulmão, em 6 de Março de 2006. Desta união nasceram 2 filhos, Matthew e Alexandra (extraído da Wikipédia em setembro de 2006).

72. Hyman, S. E. Sci. Am. Bras. 2003, 17, 88-95.

73. Neurotransmissores são substâncias químicas produzidas pelos neurônios, as células nervosas, por meio das quais eles podem enviar informações para outras células (extraído da Wikipédia em setembro de 2006).

74. Hall, S. Sci. Am. Bras. 2003, 17, 48-57.

75. Substância inibidora da enzima acetilcolinesterase, utilizada no tratamento terapêutico do mal de Alzheimer, capaz de elevar os níveis, na sinapse, do neurotransmissor acetilcolina e melhorar as funções cognitivas (extraído da Dissertação de Mestrado defendida pelo autor no Instituto de Química da UNICAMP em 2003).

76. Tratados internacionais como as convenções de Berna, sobre Direitos Autorais, e de Paris, sobre Propriedade Industrial, e outros acordos como o TRIPs-Trade Related Intelectual Property Rights (extraído da Wikipédia em setembro de 2006).

77. Barreto, Henri B. F. "Bioética e a Moral Espírita", Revista Internacional do Espiritismo, ano LXXIX, Nº 12, 2005, 648-650.

78. Eco, U. Veja, 2003, 1821, 76-77.

79. Linus Benedict Torvalds (Helsínquia, Finlândia, 28 de Dezembro de 1969) é o criador do kernel do sistema operacional GNU/Linux, muitas vezes chamado simplesmente de "Linux". Linus Torvalds pertence à comunidade dos Finlandssvensk, um estrato da população representando 6% dos habitantes da Finlândia, que falam sueco. Ele estudou na Universidade de Helsínquia. Vive atualmente em Santa Clara, na Califórnia, com a sua mulher Tove e suas três filhas. Ele é um empregado do Open Source Development Lab (extraído da Wikipédia em setembro de 2006).

80. Pekka Himanen, A Ética dos Hackers e o Espírito da Era da Informação, 2001, Editora Campus.

81. Emil Maximillian Weber (Erfurt, Alemanha, 21 de Abril de 1864 — Munique, 14 de Junho de 1920) foi um intelectual alemão e um dos fundadores da Sociologia (extraído da Wikipédia em setembro de 2006).

82. Weber, Max, A ética Protestante e o Espírito Capitalista, São Paulo: Companhia das Letras, 2004.

83. Taylorismo ou administração científica é o modelo de administração desenvolvido pelo engenheiro estadunidense Frederick Winslow Taylor (1856-1915), que é considerado o pai da administração científica (extraído da Wikipédia em setembro de 2006).

84. Daniela Pinheiro, Veja, 2004, 1837, 74-81.

85. Charles Robert Darwin (Shrewsbury, 12 de Fevereiro de 1809 - Downe, Kent, 19 de Abril de 1882) foi um naturalista britânico que alcançou fama ao convencer a comunidade científica da ocorrência da evolução e propor uma teoria para explicar como ela se dá por meio da seleção natural e sexual. Esta teoria se desenvolveu no que é agora considerado o paradigma central para explicação de diversos fenômenos na Biologia (extraído da Wikipédia em setembro de 2006).

86. Cutler, H.C. A Arte da Felicidade, 2000, Martins Fontes, 17.

87. Porta do jornal O Estado de São Paulo: www.estadao.com.br (acessado em 22 de agosto de 2006).

88. Este problema foi formulado pelo grande matemático francês Henri Poincaré no ano de 1904.

# Sobre o autor

*Ricardo Barreto*

Ricardo Barreto é cientista da informação, empreendedor e escritor. Entre suas ações pessoais, profissionais e sociais, destaca-se como idealizador da metodologia ittiNomics e cofundador da startup iNovarvm. Como escritor, foca suas obras nos campos da filosofia e inovação. É ainda um entusiasta do projeto Limiar. Vive em Valinhos-SP com sua mulher Clarissa e sua filha Verena.

ricardobarreto.com

www.ingramcontent.com/pod-product-compliance
Lightning Source LLC
Chambersburg PA
CBHW021219020426
42331CB00003B/384